JN410496

後撰和歌集

후찬와카집

153수 정선

〈지식을만드는지식 고전선집〉은
인류의 유산으로 남을 만한 작품만을 선정합니다.
읽을 수 없는 고전이 없도록 세상의 모든 고전을 출판합니다.
오랜 시간 그 작품을 연구한 전문가가
정확한 번역, 전문적인 해설, 풍부한 작가 소개, 친절한 주석을
제공합니다.

後撰和歌集

후찬와카집

153수 정선

오나카토미노 요시노부(大中臣能宣) 외 엮음

최충희 · 이상민 외 옮김

대한민국, 서울, 지식을만드는지식, 2026

편집자 일러두기

- 《후찬와카집(後撰和歌集)》은 무라카미(村上)임금의 명령으로 서기 9523년경에 만들어진 두 번째 칙찬 와카집(勅撰和歌集)입니다.
- 이 책은 《후찬와카집》의 판본 중 제일 원작에 충실하다는 평가를 받는 레이제이타메스케본(冷泉為相本, 니혼대학총합도서관장본)을 저본으로 가도카와쇼텐(角川書店)에서 출판한 《신편 국가 대관(新編國歌大觀) 제1권 칙찬집편(勅撰集編)》(1983)을 저본으로 삼아 옮겼습니다.
- 이 책은 《후찬와카집》의 전체 작품 1425수 중에서 작품 배열 순서를 그대로 지키며 153수를 번역한 것입니다.
- 이 책의 작품은 20권으로 된 원문의 순서에 따라 20개 항목으로 배열했습니다.
- 본문에는 와카의 원문을 같이 실어 번역문과 비교할 수 있도록 했습니다.
- 번역 및 원문의 마지막 괄호 안에는 작자 이름과 《신편 국가 대관 제1권 칙찬집편》에 실려 있는 《후찬와카집》의 일련번호를 실어 색인의 편의를 도모했습니다.
- 해설 및 주석은 독자들의 이해를 돕기 위해 모두 옮긴이가 붙인 것입니다.
- 와카의 번역은 일본 와카의 음수율인 5・7・5・7・7에 맞추어 우리말로도 가능하면 5・7・5・7・7의 음수율에 맞도록 번역했습니다. 그러다 보니 어쩔 수 없이 생략되거나 의역이 되는 경우도 있습니다.
- 작자의 이름이 원문에는 작품에 따라 다르게 표기되어 있는 경우도 있으나 독자의 이해를 돕기 위해 번역문에서는

통일해서 표기했습니다.

- 고대 일본어는 발음 표기가 정립되지 않아 표기와 발음이 다른 경우가 있습니다. 이 책에서는 원문을 그대로 적고 번역문에는 당시의 발음을 존중해 실제 발음되는 대로 표기했습니다.
- 외래어 표기는 현행 한글어문규정의 외래어표기법에 따랐습니다.

차 례

봄노래 상(春上) · · · 1

봄노래 중(春中) · · · 17

봄노래 하(春下) · · · 25

여름 노래(夏) · · · 33

가을 노래 상(秋上) · · · 43

가을 노래 중(秋中) · · · 51

가을 노래 하(秋下) · · · 65

겨울 노래(冬) · · · 79

사랑 노래 1(恋一) · · · 93

사랑 노래 2(恋二) · · · 111

사랑 노래 3(恋三) · · · 133

사랑 노래 4(恋四) · · · 153

사랑 노래 5(恋五) · · · 163

사랑 노래 6(恋六) · · · 179

잡가 1(雜一) · · · 195

잡가 2(雜二) · · · 205

잡가 3(雜三) · · · 217

잡가 4(雜四) · 229
이별 노래(離別) · 245
여행 노래(羇旅) · 263
축하 노래(賀歌) · 275
애상 노래(哀傷) · 281

해설 · 293
엮은이에 대해 · 298
옮긴이에 대해 · 301

봄노래 상
春上

설날에 니조 왕비의 궁전에서 하얀 겨울 상의를 하사받고 읊은 노래

正月一日に二条のきさいの宮にてしろきおほうちきをたまはりて

내리는 눈을 피할 도롱이 옷은 아니지만은 몸에 걸치고
나서 봄이 왔다 놀라네

(후지와라노 도시유키, * 1)

降る雪のみのしろ衣うちきつゝ春きにけりとおどろかれぬる (藤原敏行朝臣, 1)

작품 해설

눈 내리는 설날에 니조(二条) 왕비의 처소로 새해 인사차 들렀더니, 뜻하지도 않은 하얀 겉옷 상의를 하사해 주셨다. 원래 눈 내리는 날에는 눈을 피하기 위해 도롱이 옷을 입는 게 보통인데 이날은 하사받은 하얀 겉옷을 걸쳐 보았다. 하사하신 그분의 마음이 전해져서인지 너무나도 따뜻해서 마치 봄이 온 것 같은 느낌을 받고 자신도 모르게 놀랐다는 내용이다.

* 후지와라노 도시유키(藤原敏行, ?~901)

미치노쿠(陸奥) 지방의 지방관이었던 후지마로(富士麿)의 아들로 태어났다. 36가선[1] 중 한 명으로, 칙찬 와카집[2]에 29수의 노래가 실려 있다. 당대의 명필로 유명했다.

1) 36가선(三十六歌仙) : 신선이라 불릴 만큼 노래에 뛰어난 36인의 가인.

2) 칙찬 와카집(勅撰和歌集) : 왕의 명령으로 당대의 뛰어난 노래들을 모아 가집으로 편찬한 것.

입춘 날 읊다

春立日よめる

입춘 날이라 들었기 때문인가 가스가산에 남아 있는
잔설이 봄꽃처럼 보이네

(오시코치노 미쓰네, * 2)

春立と聞きつるからに春日山消あへぬ雪の花と見ゆらん (凡河内躬恒, 2)

작품 해설

입춘이라는 말만 들어도 눈에 보이는 모든 곳에 봄이 온 것처럼 느껴지기 마련이다. 입춘 날에 가스가산(春日山)을 바라다보니 군데군데 나뭇가지에 남아 있는 잔설이 따스한 봄날에 화사하게 핀 봄꽃처럼 보인다는 내용이다. 매일 보는 사물이나 자연도 의미를 부여하고 보면 달라 보이게 되는 이치를 노래하고 있다.

*** 오시코치노 미쓰네**(凡河内躬恒, **생몰년 미상**)

《고금와카집(古今和歌集)》을 편찬한 센자 중 한 명으로, 동일 가집에 60수, 전체 칙찬 와카집에는 175수의 노래가 선정될 정도로 당시를 대표하는 가인 중 한 명이었다. 하지만 그에 비해 평생 중앙 관직에 진출하지 못하고 지방관으로 전국을 떠돌았다.

오늘부터는 불태운 억새밭을 파헤치면서 나물 캐러 갈 텐데 누구한테 가잘까

(다이라노 가네모리, * 3)

けふよりは荻のやけ原かき分て若菜つみにと誰をさそはん (兼盛王, 3)

작품 해설

입춘 날인 오늘부터는 봄이기 때문에 봄다운 행사를 시도해 보고 싶은 마음이 생겼다. 그러다가 봄날 행사 중 제일 먼저 떠오른 것이 나물 캐기 행사였다. 나물 캐기 행사는 겨울 동안 얼어 있던 땅을 파헤치고 그 안에 돋아 있는 나물 새싹을 뜯는 것을 말한다. 일본에서는 가을 끝자락에 억새밭을 불태워 병충해를 예방하는 풍습이 있는데 억새밭은 봄나물을 캐기에도 좋은 장소였다. 그런데 정작 나물을 캐러 가려고 마음을 먹고 나니 많은 주변 사람들 중에 누구한테 같이 가자고 해야 할지 결정을 내릴 수가 없다고 노래하고 있다. 노래의 포인트는 누구와 같이 가야 할지 모르겠다는 망설임에 있는 게 아니고 드디어 기다리던 봄날이 왔음에 있다는 사실을 기억할 필요가 있다.

* 가네모리노 오키미(兼盛王), 다이라노 가네모리(平兼盛, ?~990)

헤이안 중기의 인물로 후찬 와카집을 대표하는 가인이었다. 고코 천황(光孝天皇)의 증손자 아쓰유키(篤行)의 아들이며, 아카조에몬(赤染衛門)의 아버지이기도 하다. 960년 다이리 우타아와세(内裏歌合)에서 "참고 참아도 숨길 수 없었구나 이내 사랑은 무슨 근심 있냐며 사람들 물을 만큼(忍ぶれど色に出いでにけり我が恋はものや思ふと人の問ふまで)"(《습유와카집》 사랑 노래 1, 622)이라는 노래로, 미부노 다타미(壬生忠見)의 "벌써 소문이 이렇게 퍼졌구나 아무도 몰래 임과 사랑 이제 막 시작됐을 뿐인데(恋すてふ我が名はまだき立ちにけり人知れずこそ思ひそめしか)"(《습유와카집》 사랑 노래 1, 621)에 이긴 일화로 유명하다. 칙찬집에는 90수 가까이 노래가 실렸다.

초봄 노래라며 읊다

はつ春の歌とて

수면 위에다 마치 수를 놓듯이 부는 봄바람 연못에 언 얼음을 오늘은 녹이겠군

(기노 도모노리, * 11)

水のおもにあや吹みたる春風やいけの氷をけふはとくらん (きのとものり, 11)

작품 해설

이른 봄날에 부는 바람은 매서운 듯하면서도 어딘지 모르게 봄바람다운 따스함이 있기 마련이다. 심술스럽게 불어대는 봄바람이 연못의 수면을 마치 무늬를 그리듯 휘몰아친다. 하지만 이미 봄이 왔으니 그 바람 속에는 얼음을 녹이는 따스함이 숨겨져 있을 것이다. 그러니 그 따스한 훈풍이 오늘은 아마도 연못에 얼어 있는 얼음을 녹여 줄 것이라는 기대감을 노래하고 있다.

* **기노 도모노리**(紀友則, 851?~905?)

헤이안 시대 전기 가인. 《고금와카집》의 센자 중 한 명으로, 고금와카집의 완성을 보지 못하고 중도에 사망했다. 36가선 중 한 명이기도 하다.

엔기(延喜, 901~923) 연간, 즉 다이고(醍醐) 천황이 통치하시던 시절에 노래를 읊으라고 명령하셔서 지어 바친 노래

延喜御時歌めしけるに奉りける

봄 아지랑이 하늘하늘거리는 봄날 밤에는 달의
계수나무에 꽃이 피어 있겠군

(기노 쓰라유키, * 18)

春霞たなびきにけり久かたの月のかつらも花やさくらん (きのつらゆき, 18)

작품 해설

봄날 밤에 아지랑이가 끼었기 때문에 사실은 아무것도 보이질 않는다. 그러나 작자는 하늘의 달나라에도 봄날이 왔을 테고, 봄이 왔으니 달나라에 있다는 계수나무에도 당연히 하얀 계수나무 꽃이 피어 있을 것이라고 미루어 짐작해서 읊은 노래다. 여기서 '히사카타노(久かたの)'라는 표현은 와카에서는 '마쿠라코토바(枕詞)'라고 한다. 마쿠라코토바란 어떤 특정한 단어의 앞에 붙어 뒤에 나오는 말을 유도할 때 사용하는 기법인데, '히사카타노(久かたの)'라

고 하는 마쿠라코토바는 주로 달(月), 해(日), 별(星), 빛(光), 구름(雲), 눈(雪), 비(雨), 낮(晝), 봄 아지랑이(霞), 밤(夜) 등의 단어 앞에 붙는다.

*** 기노 쓰라유키**(紀貫之, **생몰년 미상**)
헤이안 시대 전기 가인. 36가선(三十六歌仙)의 한 사람이다. 모치유키(望行)의 아들인 쓰라유키는 대대로 무인의 가문에서 태어났지만, 《고금와카집》을 주도적으로 편찬하고 《고금와카집》의 가나 서문(仮名序)을 집필하는 등, 문인으로서 명성이 더 높았다. 930년 도사(土佐) 지방의 지방관으로 있을 때 《신찬와카(新撰和歌)》를 선집하고, 935년 도사에서 귀경할 때의 기억을 남긴 《도사 일기(土佐日記)》를 집필했다. 개인 가집으로는 《쓰라유키집(貫之集)》이 있으며, 《고금와카집》 이후 칙찬집에만 452수의 노래가 실릴 정도로 와카사(和歌史)에 큰 영향을 미친 중요 인물이다.

매화 꽃잎을 꺾으면 흩어지네 나의 소매에 향기라도
옮겨서 선물로 삼고 싶네

(소세이 법사, * 28)

梅の花折ればこぼれぬ我が袖に匂ひ香うつせ家づとにせん (そせい法し, 28)

작품 해설

매화꽃은 봄날에 짙고 달콤한 향기를 전해 준다. 하지만 꽃을 따 보면 꽃잎이 낱낱이 흩어져 딸 수 없게 되어 있다. 작자도 매화꽃이 너무나도 아름다워 따서 선물로 가지고 가고 싶지만 막상 따 보면 형태가 부스러져 가져갈 수가 없었다. 임시방편으로 생각한 것이 매화꽃에 옷을 덮어 두었다가 매화 향기가 소맷자락에 은은하게 배면 그 매화 향이 밴 옷을 선물로 가져가고 싶다고 노래하고 있다. 일본 고대 사회에서는 향수와 같은 것이 없었으나 향을 피워 옷에 향이 배도록 해서 향수 대신 사용한 기록들이 많이 남아 있다.

*** 소세이 법사**(素性法師, **생몰년 미상**)

36가선(三十六歌仙) 중 한 사람. 6가선[3] 중 한 명인 헨조(遍昭)의 재속 시의 아들이다. 승려였던 아버지의 영향으로 출가해 운린인(雲林院)에서 머물렀다. 다양한 노래 모임 등에서 활동하며 특히 우다 천황(宇多天皇)으로부터 두터운 신임을 받았다. 최초의 칙찬집 《고금와카집》을 선정한 기노 쓰라유키(紀貫之)의 개인 가집 《쓰라유키집》에는 그의 죽음을 애도하는 쓰라유키와 미쓰네(躬恒)의 노래가 보이는 점에서 당시 가단에서 존재감 있는 가인이었다는 것을 추측해 볼 수 있다.

3) 6가선(六歌仙) : 노래 신선들 중에서도 가장 뛰어난 6인의 가인들.

꽃의 빛깔은 떨어지기 전에만 있는 것일세 소나무
푸르름은 옛 고을에 여전하네

(후지와라노 마사타다, * 43)

花の色は散らぬ間ばかりふるさとに常には松の緑なりけり (藤原雅正, 43)

작품 해설

아무리 아름다운 봄꽃이라고 하더라도 나무에 매달려 있을 때 가치가 있는 것이지 나무에서 떨어져 버리면 아무런 가치도 매길 수 없게 된다. 그러나 상록수인 소나무는 꽃은 피지 않지만 사시사철 늘 푸른빛을 뽐내고 있다. 작자는 지금은 수도가 옮겨 가서 인적도 드물고 건물도 부서진 옛 도읍지에 갔다가 예전과 똑같이 푸른빛으로 서 있는 소나무를 보고 허전함을 달래고 있다. 꽃이 만발해 화려함을 뽐내던 시간이 지나 꽃이 지고 나니 옛 도읍지는 황량하기 그지없다. 그 순간에 소나무의 푸른 빛깔이 작자를 위로해 주고 있음을 읊고 있다.

* 후지와라노 마사타다(藤原雅正, ?~961)
가네스케(兼輔)의 아들이자, 다메토키(為時)의 아버지, 《겐지 모노가타리(源氏物語)》의 작자인 무라사키시키부(紫式部)의 할아버지에 해당한다. 특히 노년에 기노 쓰라유키와 절친했던 것으로 알려져 있으며,《후찬와카집》에는 모두 7수의 노래가 실려 있다.

봄노래 중

春中

나이를 먹은 후 뒤늦게 매화나무를 심고, 다음 해 봄에 생각하는 바가 있어 읊다

とし老ひてのちむめのはなうへて、あくるとしの春、おもふ所ありて

심을 때에는 꽃을 보리라고는 생각 안 했네 꽃 폈다 진 걸 보니 내 나이도 늙었네

(후지와라노 스케모토, * 47)

うへし時花みんとしも思はぬに咲ちるみればよはひ老にけり (藤原扶幹朝臣, 47)

작품 해설

작년에 매화나무를 심을 때에는 올해까지 살아서 다시 매화꽃을 보리라고는 생각지도 않았는데 어느덧 또 한 해를 보내고 매화가 피고 지는 걸 보니 참 오랫동안 장수하며 살았음을 새삼 느끼게 된다는 심정을 읊고 있다. 비록 매화꽃은 피고 졌지만 작자 자신의 장수는 축하하지 않을 수 없음을 강조하는 노래다.

* **후지와라노 스케모토**(藤原扶幹, 869~938)

스루가(駿河)의 지방관 후지와라노 무라스기(藤原村椙)의 아들. 향년 75세로, 벼슬은 대납언안찰사(大納言按察使)까지 이르렀다.

야마토 지방의 후루(布留)산에 갈 때

大和の布留の山をまかるとて

이소노카미 신궁이 자리 잡은 후루산 기슭 벚꽃을 심은 때를 아는 이가 없다네

(헨조, * 49)

いその神ふるの山べの桜花うへけむ時を知る人ぞなき(僧正遍昭, 49)

작품 해설

'이소노카미(石上)'는 이소노카미 신궁이 있는 지명이면서, 후루(布留) 앞에 붙어 후루(布留)라는 지명을 이끌어 내는 마쿠라코토바의 역할을 하고 있다. 또한 '후루(布留)'는 '오래되다, 낡았다'라는 뜻의 후루(古る)와 음이 같은데, 이와 같이 소리는 같으나 뜻이 다른 동음이의어를 와카에 사용하는 기법을 '가케코토바(掛詞)'라고 한다. 후루산 기슭의 벚꽃은 가케코토바를 사용함으로써 후루산 기슭의 오래된 벚꽃이라는 의미가 되는 것이다. 이렇게 신성한 이소노카미 신궁이 있는 후루산 기슭의 오래된 벚꽃

은 너무나도 수령이 오래되어 누가 언제 심었는지 그 때를 아는 사람이 없다는 뜻이다.

* **헨조**(遍昭, 816～890)
6가선(六歌仙) 중 한 명으로, 재속 시의 이름은 요시미네노 무네사다(良岑宗貞)였다. 장인[4]의 수장까지 벼슬이 올랐지만, 닌묘 천황(仁明天皇)의 서거를 계기로 출가해 이름을 헨조로 개명했다.

4) 장인(蔵人) : 지금의 비서실과 같은 업무를 보던 조직.

빼꾸기 울음소리를 듣고 옆집에 보내 드린 노래

よぶことりをきゝて、となりの家にをくり侍ける

내 집 마당서 부디 울지 말아라 빼꾸기 새야 우는 보람이 있어 그대 올 리 없는데

(하루미치노 쓰라키, * 79)

我宿の花になゝきそよぶことりよぶかひありて君もこなくに (春道つらき, 79)

자품 해설

일본 와카의 세계에서는 벚꽃 가지에 빼꾸기가 와서 울면 그리운 임이 온다는 속설이 있다. 그 이유는 빼꾸기를 나타내는 옛말이 요부코도리인데 요부코도리(呼ぶ子鳥)를 분석해 보면 요부(부르다)+코(사람)+도리(새)로 나눌 수 있다. 당시 사람들은 이것을 의미에 따라 해석해서 사람을 부르는 새, 즉 빼꾸기는 보고 싶은 사람을 불러 주기 위해서 운다고 이해했던 것이다.

우리 집 마당에 벚꽃이 만발해 있을 때 우연히 빼꾸기 울음소리가 들렸다. 작자는 옆집 여인을 보고 흠모하고 있

었는데, 속설로 보면 내가 보고 싶은 사람, 즉 옆집 여인이 우리 집에 와야 할 텐데, 옆집 여인이 올 리가 없으니 뻐꾸기에게 제발 울지 말아 달라고 당부하고 있는 노래다.

*** 하루미치노 쓰라키**(春道列樹, ?~920)
모노노베씨의 후예. 910년 대학료[5]의 문장생[6]으로 발탁되어, 이후 주로 한학 지식이 필요한 벼슬을 역임했다. 《고금와카집》에 3수, 《후찬와카집》에 2수, 모두 5수의 노래를 칙찬 와카집에 실었다.

5) 대학료(大学寮) : 전문 관리를 육성하는 기관.

6) 문장생(文章生) : 주로 한학과 역사를 배우는 학생.

봄노래 하

春下

사쿠라강이라는 곳이 있다는 얘길 듣고

桜川といふ所ありときゝて

평소완 달리 봄날이 찾아오면 사쿠라강엔 벚꽃 잎이 물 위에 빈틈없이 차겠네

(기노 쓰라유키, 107)

つねよりも春べになればさくら川なみの花こそまなくよすらめ (貫之, 107)

작품 해설

이바라키(茨城) 현에 있는 쓰쿠바(筑波)산에서 흘러내리는 강이 사쿠라강이다. 이 강은 사쿠라(桜)강이라는 이름처럼 봄날이 되면 벚꽃이 만발하고 꽃잎이 질 때가 되면 강의 수면 위에 빈틈이 없이 벚꽃 잎으로 가득했다고 전해진다. 작자는 직접 사쿠라강을 보고 읊은 게 아니고 다른 곳에서 이름이 사쿠라강이라는 얘기를 듣고 이름이 그렇다면 진짜 사쿠라강처럼 떨어진 벚꽃 잎으로 강 수면이 빈틈없이 메워져 있을 것이라고 추측하며 읊은 노래다.

제목 미상

題しらず

한 해 동안에 두 번 다시 안 피는 벚꽃이기에 과연 모든 사람이 아쉽다고 말하네

(아리와라노 모토카타, * 109)

一とせにふたゝび咲かぬ花なればむべ散ることを人はいひけり (在原元方, 109)

작품 해설

대부분의 꽃들이 그렇듯이 벚꽃도 한번 피었다 지고 나면 다시 내년이나 되어야 피기 때문에 꽃잎이 지는 모습을 보면 누구나 예외 없이 아쉽다는 표현을 말로 나타낸다. 표현 방법이야 다르다손 치더라도 사람이라면 누구나 벚꽃이 지는 모습을 보면 아쉬워하기 마련임을 강조하고 있다.

＊아리와라노 모토카타(在原元方, **생몰년 미상**)

아리와라노 무네하리(在原棟梁)의 아들이자, 후지와라노 구니쓰네(藤原国経)의 양자다. 36가선 중 한 명으로, 《고금와카집》의 권두가[7] "한 해 가기 전 봄이 찾아왔구나 이런 한 해를 작년이라 부를까 올해라고 부를까(年のうちに春は来にけり一年を去年とやいはむ今年とやいはむ)"(〈봄노래 상, 1〉)의 작가로 유명하다. 칙찬집에 모두 33수의 노래를 실었다.

7) 권두가(巻頭歌) : 각 권의 처음을 장식하는 노래.

산 벚꽃을 보고

山桜をみて

흰 구름인 줄 착각하게 피었던 벚꽃 빛깔이 오늘은
지려는지 다르게 보이도다

(기노 쓰라유키, 119)

白雲と見えつる物を桜花けふは散るとや色異になる (貫之, 119)

작품 해설

산에 산 벚꽃이 만발해 있는 모습은 멀리서 보면 마치 구름이 하얗게 끼어 있는 것처럼 착각하게 만든다. 그런 아름다운 벚꽃이 오늘은 왠지 색깔이나 모양이 평상시와는 달라 보이는데, 아마도 그 이유는 이제 곧 지려는 채비를 하기 때문일 것이라고 추측하며 읊은 노래다. 머지않아 벚꽃이 질 것을 예상하니 벌써부터 아쉬운 마음에 견딜 수 없는 작자의 심경을 잘 나타내 주는 노래다.

한 밤만 자고 그대 돌아간다면 등나무 꽃도 다정스런 모습을 보일 리 없을 텐데

(후지와라노 가네스케,* 129)

一夜のみねてしかへらば藤の花心とけたる色みせんやは (兼輔朝臣, 129)

작품 해설

길고 긴 기다림 끝에 드디어 사랑하는 임이 찾아왔다. 모처럼의 회포를 풀려면 며칠씩 머무르고 가야 할 텐데 하룻밤만 자고 간다고 하니 야속하기 그지없다. 여기서 등나무 꽃은 기다리는 여인을 의인화해서 사용한 상징어다. 하룻밤만 자고 돌아가야 한다는 임을 앞에 두고 아쉽고 애석한 마음이 앞서 사랑하는 임에게 마음을 터놓을 수 없는 심정을 노래로 읊고 있다. 오랫동안 기다리다 짧게 해후하고 헤어져야 하는 여인의 애틋한 심정을 아주 잘 표현한 노래다.

*** 후지와라노 가네스케**(藤原兼輔, 877~933)

쓰쓰미 중납언(堤中納言)이라고도 불렸다. 다이고 천황이 동궁이었을 때 궁전에 입궐해 장인(藏人)의 관리로서 천황이 주최한 다양한 문예 행사에서 활약했다. 알려지지 않은 재야의 가인들을 많이 발굴한 것으로 유명한데, 《고금와카집》의 편집을 맡았던 기노 쓰라유키도 일찍이 가네스케의 거처에 출입했다고 한다. 다이고 천황을 중심으로 한 문화 부흥을 이끌었고 후대 36가선(三十六歌仙)의 한 사람으로 칭송되었다.

여름 노래

夏

제목 미상

題不知

오늘부터는 여름의 복장으로 바꿔 입지만 입는 사람
마음이 바뀌지는 않으리

(작자 미상, 147)

今日よりは夏の衣に成ぬれど着る人さへは変らざりけり (よみ人しらず, 147)

작품 해설

오늘은 입하(立夏)이기 때문에 절기상으로 여름이 시작되는 날이다. 당시에는 1년에 두 번 공식적으로 옷을 갈아입었는데 이것을 고로모가에(衣替)라고 한다. 여름옷으로 갈아입는다는 것은 옷이 얇아진다는 의미이고, 옷이 얇아지면 마음조차도 얇아지지 않을까 걱정하는 마음을 간접적으로 읊고 있다.

사랑하는 여인에게 보낸 노래

女のもとにつかはしける

오토와산에 계시다는 소문은 들었지만은 소식만
들려주고 만날 수는 없구려

(작자 미상, 158)

ありとのみ音羽の山の郭公きゝにきこえてあはずもあるかな (よみ人しらず, 158)

작품 해설

오토와산[8]은 교토 근처에 있는 산으로 두견새의 명소로 알려져 있다. 특히 산 이름이 오토와(音羽)이기 때문에, 소식이나 소문을 나타내는 오토(音)와 발음이 같다는 점

8) 오토와산(音羽山) : 표기상으로는 '오토하'지만, 실제 발음은 '오토와'. 이렇듯 표기와 실제 발음이 다른 것은 역사적 가나 쓰기로 인한 것이다. 어휘의 발음이 시간의 흐름에 따라 변화해 간 것에 반해, 그 표기는 가나 발명시의 표기 상태로 정체됨으로써 생겨난 현상이다. 특히 고전의 경우, 원래의 표기 형태를 계승하는 것을 원칙으로 하고, 이를 읽을 때에는 변화된 발음을 반영해 읽게 되는데, 이를 역사적 가나 쓰기라고 한다.

에서 유래해 가케코토바(掛詞)의 기법을 사용하고 있다. 오토와산의 두견새는 울음소리로는 들을 수 있지만 실제 모습을 볼 수 없는 경우가 많은데, 그대 또한 오토와산에 있다는 소문만 들려주고 실제로 만날 수 없으니 안타깝기 그지없다는 심경을 읊고 있는 노래다.

여인네가 무언가를 구경하러 갔다가 멋진 남자가 탄 수레가 다가왔기에 이런저런 얘기를 나눈 후에 집에 돌아와 인편에 보낸 노래

女の物見にまかりたりけるに、こと車かたはらにきたりけるに、ものなどいひかはしてのちにつかはしける

두견새 소릴 어렴풋이 듣고선 그 후로부터 무슨 소릴
들어도 그 소리로 들리네

(이세, * 189)

郭公はつかなる音をきゝそめてあらぬもそれとおぼめかれつゝ (伊勢, 189)

작품 해설

두견새 소리는 사모하는 그 남자의 소리를 상징하는 표현이다. 고토바가키[9]에 적혀 있듯이 우연히 마주쳐서 서로 마음을 터놓고 얘기를 주고받은 후에는 오로지 마음이 그 사람에 가 있어서 무슨 소리를 들어도 그 사람의 목소리처

9) 고토바가키(詞書) : 와카의 서두. 즉, 해당 노래가 읊어진 장소, 시간, 사정 등을 간단히 소개한 것.

럼 들린다고 비유해 읊은 노래다.

노래만으로도 아름다운 작품이지만 고토바가키와 함께 음미하면 한 편의 소설을 읽는 듯한 느낌이 드는 작품이다.

* 이세(伊勢, 생몰년 미상)

헤이안 전기의 여성 가인으로 36가선(三十六歌仙) 중 한 사람이다. 후지와라노 쓰구카게(藤原継蔭)의 여식으로, 888년 우다 천황(宇多天皇)의 왕비(女御) 온시 (温子)가 입궐했을 때, 여방[10]으로서 같이 입궐했다. 《고금와카집》에 22수, 《후산와카집》에 71수 등, 칙찬집에만 200수 가까운 노래가 실린 당대 최고의 여성 가인이라 할 수 있다. 특히 그녀는 시적 재능뿐아니라, 화려한 연애 편력으로도 유명한데, 모시고 있던 온시의 배다른 형제, 나카히라(仲平)와의 연애 사건, 우다 천황과의 사랑, 그 후 우다 천황의 넷째 아들, 아쓰요시(敦慶)와의 사랑 등, 당시 세간을 떠들썩하게 만든 굵직굵직한 스캔들의 주인공이기도 했다.

10) 여방(女房) : 시녀이자 가정 교사.

제목 미상

だいしらず

쉬지도 않고 하염없이 우짖는 매미들처럼 너무나도 허무한 사랑을 할까 하네

(작자 미상, 192)

打はへて音をなきくらす空蝉のむなしき恋も我はするかな (よみ人しらず, 192)

작품 해설

매미를 뜻하는 우쓰세미(空蝉)는 뒤에 나오는 '허무하다'라는 뜻의 '무나시(むなし)'라는 표현을 유도하기 위한 장치로 사용하고 있다. 와카에서는 이와 같이 어떤 표현을 유도하기 위해 의도적으로 사용하는 표현을 '마쿠라코토바(枕詞)'라고 한다. 노래의 의미는 아무도 들어주지 않는데도 불구하고 계속해서 울어 대는 매미의 소리처럼 상대방에게서 어떤 반응이 있을지 알지 못하지만, 그래도 사랑이라는 헛된 일을 해 보려고 한다는 뜻으로 작자의 강한 의지를 표출한 노래다.

제목 미상

だいしらず

우리 집 담에 심어 논 패랭이꽃 빨리 펴 주렴 네가 피면 널 보며 임을 보듯 볼 테니

(작자 미상, 199)

我やどの垣ねに植し撫子は花にさかなむよそへつゝみん (よみ人しらず, 199)

작품 해설

패랭이꽃은 고대로부터 연약한 소녀나 아가씨를 상징하는 꽃으로 알려져 있다. 자기 집의 담장에 여름에 피면 보려고 패랭이꽃을 심어 두었는데, 여리면서도 아리따운 여인을 만난 후로는 그 꽃이 빨리 피어 주길 기다리게 되었다는 뜻이다. 그 꽃이 피면 그 꽃을 그 여인이라 생각하면서 그 여인을 만날 수 없을 때에는 그 꽃을 보며 위로를 삼을 수 있겠다는 의미다.

여름날 밤, 달빛이 너무나 아름다워 읊은 노래

夏夜、月おもしろく侍けるに

여름 달 보고 소매가 촉촉하게 젖는 이유는 이 달을 가을 달로 착각했던 탓일세

(작자 미상, 214)

今夜かくながむる袖の露けきは月の霜をや秋とみつらん (よみ人しらず, 214)

작품 해설

소매에 이슬이 맺힌다는 표현은 그리움이나 사색에 젖어 흘리는 눈물을 묘사할 때 사용하는 것이다. 아직 사색에 젖을 계절이 아닌 여름밤인데도 불구하고 오늘 밤 달빛을 보니 왠지 눈물이 흐른다는 뜻이다. 달빛이 밝아 사색을 하게 됐는지, 아니면 사색에 잠겨 있었기 때문에 달이 가을 달로 보였는지 알 수 없지만 어쨌든 절기로 보아서는 여름이 끝나지 않았는데 이미 하늘의 달빛은 가을 색을 띠고 있음을 강조하는 노래라 하겠다.

가을 노래 상
秋上

제목 미상

だいしらず

왠지 갑자기 마음이 쓸쓸하네 나뭇잎 지는 가을의
출발점이 오늘이라 생각하니

(작자 미상, 218)

打つけに物ぞかなしき木葉ちる秋のはじめをけふぞと思へば (よみ人しらず, 218)

작품 해설

입추가 되니 갑자기 마음이 울적해지고 쓸쓸한 느낌이 들기 시작했다. 왜 그럴까 하고 생각해 보니 가을이 되면 이제 곧 낙엽 지는 계절이 올 것이고, 그 가을의 시작이 입추인 오늘부터라고 생각했기 때문이라고 읊고 있다.

은하수 넘어 칠석날 밤 흘리는 눈물이 넘쳐 강물이 되었나봐 가을의 밤이슬은

(작자 미상, 242)

天河ながれてこふる七夕の涙なるらし秋のしら露 (よみ人しらず, 242)

작품 해설

초가을에 맺힌 밤이슬을 보니 7월 칠석날 밤에 견우와 직녀가 만났다가 다시 내년에 만날 것을 약속하고 헤어지며 흘리는 애절한 눈물일 것이라고 미루어 짐작하는 노래다. 그것을 증명이라도 해 주듯이 하늘에는 은하수가 마치 강처럼 흐르고 있고, 그 은하수 강물 또한 견우직녀의 눈물 때문에 만들어진 것으로 파악하고 있다. 현대와는 달리 음력 7월 칠석은 절기상으로는 이미 초가을임을 알아 둘 필요가 있다.

반딧불이야 만약 구름 위까지 갈 수 있다면 가을바람 분다고 기러기에게 전해

(아리와라노 나리히라,* 252)

ゆくほたる雲のうへまでいぬべくは秋風吹くとかりにつげこせ (業平朝臣, 252)

작품 해설

가을이 되어 완연한 가을바람이 불고 있는데도 아직 가을 철새인 기러기가 보이지 않는다. 기러기가 보이지 않는 이유는 누군가가 가을이 왔다고 전해 주지 않았기 때문이라 작자는 파악하고, 여름의 끝자락을 잡고 높이 하늘로 올라가는 반딧불이에게 가을의 전령사 역할을 부탁하는 노래다.

* **아리와라노 나리히라**(在原業平, 825~880)
아버지는 헤이조 천황(平城天皇)의 아들 아보노 미코(阿保皇子)이고, 어머니는 간무 천황(桓武天皇)의 딸, 이토 내친왕(伊都内親王)이다. 왕실의 혈통이었지만, 826년 형 유키히라(行平)와 함께 아리와라(在原)씨를 하사받아 신

하가 되어, 벼슬은 장인두(藏人頭)까지 이르렀다. 뛰어난 용모를 갖춘 데다 노래에도 발군의 재능을 발휘해 당대 최고의 플레이보이로도 평판이 높았다. 《고금와카집》을 비롯한 수많은 칙찬 와카집에 노래가 수록되었으며, 일본 최초의 우타 모노가타리인 《이세 모노가타리(伊勢物語)》는 그를 모델로 해서 만들어진 것으로 유명하다.

바람이 차서 울부짖는 벌레의 눈물이 흘러 풀잎을 물들이는 이슬로 맺혔나 봐

(작자 미상, 263)

風さむみなく松虫の涙こそ草は色どる露とをくらめ (よみ人しらず, 263)

작품 해설

가을이 되어 매서운 찬 바람이 불기 시작하자 풀벌레들의 울음소리가 잦아졌다. 울어 대는 풀벌레의 눈물이 이슬이 되어 풀잎에 떨어져 그 풀잎을 누렇게 가을빛으로 물들게 한다고 이해하고 읊은 노래다. 당시의 사람들은 풀잎이 가을 색으로 물드는 것이 이슬 때문이라고 파악하고 있있던 것 같다.

제목 미상

だいしらず

풀로 된 실로 꿰어서 만들어 논 하얀 구슬은 가을이
만들어 낸 이슬이란 것일세

(후지와라노 모리후미, * 270)

草のいとにぬく白玉とみえつるは秋のむすべる露にぞ有ける (藤原守文, 270)

작품 해설

이슬이 맺혀 있는 모습이 마치 파란 실로 꿰어 놓은 투명한 구슬처럼 영롱하고 아름답기 그지없다. 이 영롱한 구슬과도 같은 이슬이 누구의 작품인가 하고 곰곰이 생각해 보니 가을이 만들어 낸 조화임을 깨달았고, 그 신비함을 가을을 의인화해서 작품으로 읊어 낸 노래다.

* **후지와라노 모리후미**(藤原守文, ?~951)
이가(伊賀) 지방의 지방관, 대장대보(大藏大輔)를 역임했다. 《후찬와카집》에 3수가 실려 있다.

가을 노래 중
秋中

가을 들녘에 이슬이 맺혀 있는 마타리꽃은 털어 줄 이가 없어 계속 젖어 있나 봐

(작자 미상, 275)

秋の野の露にをかるゝ女郎花はらふ人なみぬれつゝやふる (よみ人しらず, 275)

작품 해설

마타리꽃은 일본 와카에서는 여성을 상징하는 경우가 많다. 마타리꽃이 이슬에 젖었다는 말은 아리따운 여인이 눈물에 흘리고 있음을 상징하는 표현이다. 즉, 여인이 눈물에 젖어 있는 이유는 그 눈물을 거두어 줄 마음씨가 상냥한 남자가 없기 때문으로 파악하고 읊은 노래다.

제목 미상

だいしらず

가을 들녘의 움막 지붕이 너무 듬성하여서 나의
소맷자락은 이슬로 계속 젖네

(덴지 천황, * 302)

秋の田のかりほのいほのとまをあらみわが衣では露に
ぬれつゝ (天智天皇御製, 302)

작품 해설

가을 추수를 위해 임시로 만들어 놓은 움막이 있다. 그 움막은 들짐승들로부터 곡식을 지키기 위해 임시로 만들어 놓았는데 지붕을 그냥 풀로 엉성하게 덮어 놓았기 때문에 아침이 되면 이슬이 새어 나와 소매가 젖게 되어 있다. 그런데 소매가 젖는 이유는 이슬 때문이기도 하지만, 사실은 집에 두고 온 가족들이 그립기 때문이라 할 수 있다. 가을 추수기의 들녘의 풍경을 읊음과 동시에 그 움막에 거처를 두고 농사일에 몰두하고 있는 농부들의 심경을 읊은 노래다.

* 덴지 천황(天智天皇, 제38대 일왕, 668~672 재위)
고대 아스카(飛鳥) 시대의 왕. 조메이 천황(舒明天皇)의 아들로, 어머니는 고교쿠 천황(皇極天皇)이다. 소가(蘇我) 씨를 물리치고 다이카 개신(大化の改新)을 통해 정치 개혁을 단행한 것으로 유명하다. 즉위 후에는 일본 최초로 오미령[近江令, 율령(律令) 제도의 영(令), 이때까지는 율(律)은 만들어지지 않았다]을 세우고, 물시계를 만드는 등 다방면에서 고대 일본의 기초를 다진 인물이다.

내 집 마당의 갈댓잎 위에 맺힌 하얀 이슬을 떨어뜨리지 않고 구슬로 삼고 싶네

(작자 미상, 305)

わがやどのを花がうへの白露をけたずて玉にぬく物にもが (よみ人しらず, 305)

작품 해설

가을에 집 마당에 있는 갈대 잎새에 투명하고 영롱한 이슬이 맺혀 있다. 아침이 되어 이슬이 떨어지기 전에 실로 꿰어 구슬을 만들어 간직하고 싶은 간절한 마음을 읊고 있다. 아침 이슬이 햇살이 떠오르면 허무하게 지고 만다는 사실을 작자는 알고 있기 때문에, 그 이슬을 영원히 간직하는 방법을 모색하고 있는 것이다.

가을 바다에 비추인 가을 달을 파도가 치며 몇 번이고 씻지만 색 하나 변치 않네

(기요하라노 후카야부,* 322)

秋のうみにうつれる月を立かへりなみはあらへど色もかはらず (ふかやぶ, 322)

작품 해설

가을 바다에 휘영청 밝은 가을 달이 떠서 파도 위에도 그 아름다운 모습을 비추고 있다. 그 달 모습 위로 파도가 밀려왔다 밀려가기를 반복하며 계속 씻어 주고 있지만 달빛은 전혀 퇴색하지 않고 처음의 영롱함을 간직하고 있다니 신기하기만 하다고 읊고 있다. 바다 위의 달과 바닷물 속의 달의 모습이 대칭을 이루고 있는 광활한 해변의 모습이 풍경화처럼 눈에 선하게 보이는 노래다.

* 기요하라노 후카야부(清原深養父, 생몰년 미상)

노리후사(房則)의 아들로, 모토스케(元輔)의 조부이며, 특히 《마쿠라노소시(枕草子)》라는 수필집의 작가로 유명한 세이쇼나곤(清少納言)의 증조부다. 36가선 중 한 사람이

기도 하다. 벼슬은 말직에 머무른 것에 비해 《고금와카집》 이후 칙찬 와카집에 40수의 노래가 실릴 정도로 그의 와카에 대한 재능만큼은 높은 평가를 받았다.

바람이 불어 누렇게 익어 가는 벼 떨어지면 가을의
배려심이 부족하다 여길래

(작자 미상, 333)

吹く風にふかきたのみのむなしくは秋の心をあさしとおもはん (よみ人しらず, 333)

작품 해설

이 노래는 가을을 의인화해서 읊고 있다. 가을에게 네가 만약 바람을 일으켜 1년 동안 정성껏 키워 겨우 익어 가는 벼를 떨어지게 한다면, 네 마음이 박정하기 때문으로 알 테니 부디 그리하지 말아 달라고 읊은 노래다. 가을바람이 불어오면 애써 키운 벼가 영글지 못해 수확량이 확 줄어드는 경우가 많기 때문에 부디 그런 일이 없기를 고대하며 읊은 노래다. 이 노래에는 가케코토바 용법이 두 군데 사용되고 있다. 우선 '부탁하다'라는 뜻의 '다노미(頼み)'와 들의 열매, 즉 벼를 뜻하는 '다노미(田の実)'를 겹쳐 사용하고 있으며 가을을 뜻하는 '아키(秋)'와 싫증을 낸다는 뜻의 '아키(飽き)'를 겹쳐 사용함으로써 의미의 중첩성을 강조하고 있다. 자세히 설명하면 벼(田の実)가 무사히 잘 자라 풍성한 열매를 맺기를 부탁하는 의미(頼み)와, 나의 부탁을 들어주지 않는다면 가을(秋)이라는 계절에 대해 싫증을 내겠다(飽き)는 의미를 중첩해서 사용한 기법이다.

8월 보름날 밤에

八月十五夜

가을바람에 한층 더 깊어 가는 밝은 달빛을 가리지 말아 다오 은하수의 안개야

(후지와라노 기요타다, * 336)

秋風にいとゞ更けゆく月影を立なかくしそあまの川霧
(藤原清正, 336)

작품 해설

음력 8월 15일은 우리나라에서는 추석이라 하지만 중국이나 한국, 일본에서는 중추절이라고도 한다. 이날은 달이 밝기로 유명하다는 사실을 누구나가 다 알고 있을 것이다. 이날 밤에 밝은 달이 떠오르길 기대하고 기다리는데, 하늘을 보니 밝은 밤하늘 은하수 사이로 흐릿하게 안개 비슷한 것이 보이기 시작해 왠지 불길한 예감이 든다. 혹시라도 그 안개 같은 것이 밝은 달빛을 가리기라도 하면 곤란하니 부디 안개가 발생하지 않기를 기원하며 안개에게 부탁하는 의미를 담아 노래로 읊은 것이다. '更けゆく(깊

어 가다)'라는 단어는 주로 '夜が更けゆく(밤이 깊어 가다)' 등과 같이 시간이 깊어 간다는 의미로 사용되는 경우가 많은데 이 노래에서처럼 달빛이 깊어 간다는 의미로 사용되는 경우는 드물다. 표현의 신선함이 돋보이는 작품이다.

* **후지와라노 기요타다**(藤原清正, ?~985)
후지와라노 가네스케(藤原兼輔)의 차남. 36가선 중 한 명이다. 병풍가(실제 풍경이 아닌 병풍을 보고 짓는 노래)를 읊는 전문 가인으로서 스자쿠(朱雀), 무라카미(村上) 조정에서 활약했다. 《후찬와카집》 이후 칙찬집에 28수가 실렸다.

견우 직녀와 너무나도 닮았네 마타리꽃은 가을이
아니고선 만날 수도 없으니

(오시코치노 미쓰네, 344)

七夕にゝたるものかな女郎花あきより外にあふときもなし (みつね, 344)

작품 해설

1년에 단 한 번 7월 7일, 즉 칠석날에만 만날 수 있는 견우 직녀처럼, 마타리꽃을 볼 수 있는 것도 1년 중, 가을날의 며칠뿐임을 아쉬워하며 읊은 작품이다. 초가을을 대표하는 마타리꽃의 아름다움을 마음껏 만끽하고 싶은 작자의 심경을 잘 읊고 있는 노래다.

가을 노래 하

秋下

고시[11] 쪽에 그리운 사람이 있었을 때 부른 노래

こしのかたにおもふ人侍けるときに

가을날 밤에 기러기 울어 대며 날아가누나 그리운 그 사람이 소식을 전했을까

(기노 쓰라유키, 356)

秋の夜にかりかもなきてわたる也我おもふ人のことづてやせし (貫之, 356)

작품 해설

깊은 가을밤에 하늘 위로 기러기 떼가 울며 날아가고 있다. 기러기를 보니 그리운 그 사람이 더욱 그리워졌다. 중국 고사에 보면 흉노족에게 잡혀간 소무(蘇武)라는 사람이 기러기 발에 편지를 묶어 보낸 편지가 한나라 무제(武帝)에게 전달되었다는 고사가 있는 데서 유래해 기러기에게 편지를 보낸다는 표현이 사용되기 시작했다. 이 고사

11) 고시(越) : 일본 중부 지방을 가리키는 말로 현재의 후쿠이(福井), 이시카와(石川), 도야미(富山) 지방을 지칭하는 말.

에 빗대어 먼 곳에 있는 그리운 그 사람이 기러기에게 소식을 전해 달라 부탁해서 그것을 전달하러 기러기가 온 것이 아닐까 하며 읊은 노래다. 깊어 가는 가을밤, 그렇지 않아도 사색에 잠기기 쉬운 계절에 기러기 울음소리가 더더욱 그리움을 더해 준다는 사실을 강조한 작품이라 할 수 있다.

가을 들녘이 마치 비단과 같이 보이는도다 색깔 없는 이슬이 물들일 리 없는데

(작자 미상, 369)

秋の野のにしきのごともみゆる哉色なき露はそめじと思ふに (よみ人しらず, 369)

작품 해설

가을 들녘이 황금색으로 물들었다. 그 노란 풍경이 마치 비단을 깔아 놓은 듯하다. 헤이안 시대의 사람들은 일반적으로 풀이나 나무의 단풍은 이슬이 작용해서 물이 든다는 생각을 갖고 있었다. 그런데 노란 풀잎에 맺혀 있는 이슬을 보니 그냥 투명하고 아무런 색깔도 없어 이 이슬이 풀잎을 물들일 턱이 없는데 어찌하여 풀들은 노랗게 물들었는지 신기해하며 읊은 와카다.

가을 들녘에 얼마만큼 이슬이 쌓여 있기에 이렇게 많은 풀이 노랗게 변했을까

(작자 미상, 370)

あきのゝにいかなる露のをきつめばちゞの草ばの色かはるらん (よみ人しらず, 370)

작품 해설

앞의 369번 노래와 마찬가지로 이슬이 초목을 단풍 들게 한다는 당시의 생각을 읊은 것이다. 들녘 전체의 풀들을 노랗게 물들이려면 수많은 양의 이슬이 필요할 텐데 과연 얼마나 많은 이슬이 쌓였기에 이렇게 들판 전체를 물들일 수 있는지 신기하기 그지없다. 앞 노래와는 달리 이 노래는 이슬이 풀잎을 물들인다는 사실을 기정사실로 인정하고 읊은 작품이다.

제목 미상

題しらず

다쓰다산의 아름답게 물이 든 단풍잎들은 임 그리워 우는 자의 소맷자락이로다

(작자 미상, 383)

から衣たつたのやまのもみちばは物思ふ人のたもとなりけり (よみ人しらず, 383)

작품 해설

교토 가까이에 있는 다쓰다산은 옛날부터 단풍으로 유명한 곳이다. 다쓰다산이 아름답게 빨갛게 단풍이 든 모습을 보니, 임을 그리워하며 사색에 젖어 있는 사람이 견디다 못해 흘리는 눈물로 빨갛게 물든 소맷자락을 보는 것 같다고 비유한 작품이다. '紅涙(こうるい)'는 그리워서 흘리는 피눈물을 가리키는 말로 가을의 빨간 단풍잎을 홍루에 비교한 노래들이 많이 존재하는 것을 보면, 당시 사람들이 즐겨 비유로 사용했음을 알 수 있다.

제목 미상

だいしらず

빨간빛으로 비단처럼 물이 든 다쓰다산도 오늘부턴
영원히 단풍으로 있으렴

(기노 쓰라유키, 385)

から錦立田の山も今よりはもみぢながらにときはならなむ (つらゆき, 385)

작품 해설

아름답게 빨갛게 물든 단풍이 사라질까 두려워하는 작가의 마음을 읊고 있다. 다쓰다산의 '다쓰(立つ)'와 단절하다라는 뜻의 '다쓰(斷つ)'를 동음이의어로 사용한 가케코토바 용법을 활용한 노래다. 단절과는 반대되는 영속이나 영원함을 나타내는 '도키와(常磐)'를 같이 사용함으로써 와카의 입체감이 더 잘 표현되었다고 할 수 있다. 즉, 산 이름에는 단절을 의미하는 '다쓰'가 들어 있다고 하더라도 아름다운 단풍만은 영원히 이 상태의 아름다움을 간직하고 있어 주길 간절히 바라는 작자의 마음이 잘 나타나 있는 작품이다.

음력 9월 9일 날, 두루미가 울부짖기에 읊은 노래

なが月のこゝぬか、鶴のなくなりにければ

국화꽃 위에 밤새 내린 이슬이 아니올 텐데 천수를 누릴 몸을 이슬처럼 뿌리도다

(이세, 396)

菊のうへにをきゐるべくはあらなくに千とせの身をも露になす哉 (いせ, 396)

작품 해설

음력 9월 9일은 중양절(重陽節)이라는 절기다. 이날은 본격적인 서리가 내리기 직전의 절기를 가리키며 때마침 국화가 만발한 시기이기도 하다. 연중행사로는 장수를 기원하는 국화주를 마시는 풍습이 남아 있다. 가을이 깊어 가는 이 절기에 두루미가 울부짖는 모습을 보고 읊은 노래인데, 울음을 울면 눈물이 흐르기 마련이고, 눈물은 또한 이슬로 비유되는 경우가 많은 데에서 유래해 와카를 읊고 있다. 두루미가 울며 흘린 눈물이 때마침 만발해 있는 국화꽃 위에 떨어진 것도 아닐 텐데, 두루미가 울면 눈물이 흘

러 이슬처럼 떨어졌다가는 금방 사라져 버릴 것 같은 불안함을 노래하고 있다. 예전부터 두루미는 1000년 이상을 사는 조류라는 인식하에 장수를 상징하는 새로 알려져 있다. 그리고 가을에 피는 국화 또한 장수를 상징하는 꽃이다. 두루미와 국화꽃이 지닌 시간의 유구한 이미지와 이슬이 지닌 금방 사라진다는 덧없는 이미지를 대비해 가을이 지닌 황량함과 쓸쓸함을 암시하고 있다.

다쓰다강의 빛깔이 새빨갛게 변해 버렸네 산속의
단풍들이 이젠 떨어지나 봐

(작자 미상, 413)

立田川色くれなゐになりにけり山のもみぢぞいまはちるらし (よみ人しらず, 413)

작품 해설

다쓰다(立田)강이 단풍의 명소로 읊어지기 시작한 것은 《고금와카집》에서부터다. 떨어진 단풍잎이 물 밑에 가라앉아 강물이 빨갛게 변한 가을 정경으로 유명하다. 이 작품도 다쓰다강이 빨갛게 변한 걸 보니 아마도 다쓰다산의 단풍으로 물든 나뭇잎들이 떨어지기 시작하는가 보다 하고 추측하며 읊은 노래다. 어떤 자연 현상을 보고 시기나 장소 등을 유추하는 것이 당시의 작품에는 많이 등장하는데, 이 작품도 그러한 종류에 속하는 작품이라 하겠다.

다쓰다강은 가을이 다가오면 산이 가까워 흐르는
강물까지 단풍으로 물드네

(기노 쓰라유키, 414)

竜田川秋にしなれば山ちかみながるゝ水ももみぢしにけり (貫之, 414)

작품 해설

이 작품은 두 가지 해석이 가능하다. 하나는 주변 산이 빨갛게 물들어 그 풍경이 물에 비쳐서 물이 단풍 들었다는 해석이다. 또 하나는 다쓰다산의 단풍이 떨어져 강물에 가라앉아 빨갛게 물들었다는 해석이다. 그러나 실제로는 이 두 가지 모두를 합쳐 해석하는 편이 더욱 적절할 것 같다. 즉, 다쓰다 강이 새빨간 이유는 물에 가라앉은 빨간 단풍잎 위에, 또다시 산의 단풍잎이 물에 비쳐 더더욱 빨간 빛을 더함으로써 늦가을의 아름다움을 더욱 돋보이게 하는 효과를 노릴 수 있기 때문이다.

9월 그믐에

九月つごもりに

구월 그믐의 새벽달은 하늘에 남겠지마는 허무하게
가을은 지나가 버리겠네

(기노 쓰라유키, 441)

なが月の有明の月はありながらはかなく秋は過ぬべらなり (つらゆき, 441)

작품 해설

음력 9월 그믐은 일단 가을의 끝 날이다. 음력 10월부터는 겨울이 시작된다는 인식을 당시 사람들은 갖고 있었다. 가을의 마지막 날에 하늘에 떠 있는 달은 가을이 끝나고 겨울이 시작되는 내일 새벽에도 하늘에 남아 있겠지만, 여하튼 가을은 오늘 밤으로 끝이라고 생각하니 아쉽기 그지없다는 심경을 잘 표현하고 있다.

겨울
冬

음력 시월에 내리다 말다 하는 기약도 없는 초겨울
비야말로 겨울의 시작이로다

(작자 미상, 445)

神無月ふりみふらずみさだめなき時雨ぞ冬の初なりける (よみ人しらず, 445)

작품 해설

당시 사람들은 음력 10월을 겨울이라고 인식했다. 일본에서는 음력 10월에 겨울을 재촉하는 초겨울 비가 자주 오는 편인데, 이 비를 가리켜 보통 비와 구별해서 '시구레(時雨)'라고 부른다. 이 시구레라는 비는 특별히 언제 내릴지 언제 멎을지 예측할 수 없는 것으로 알려져 왔다. 이 예측할 수 없는 시구레라는 비가 내리기 시작하면 비로소 겨울이 시작되는구나 하고 당시 일본인들은 생각하고 있었다는 점에서 착안해 읊은 작품이다.

가을 끝나고 초겨울 비와 같은 이내 마음은 그대가 주신 말씀 원망하지 않으리

(작자 미상, 448)

秋はてゝ時雨ふりぬる我なればちることのはをなにかうらみん (よみ人しらず, 448)

작품 해설

가을이 다 끝나고 겨울을 재촉하는 초겨울 비인 시구레(時雨)처럼 그대는 나를 떠나갔지만 나는 오랫동안 그대를 사랑했었기 때문에 당신이 나에게 하신 말씀이나 나에게 보내 준 노래 등을 원망하지는 않겠다는 심정을 읊고 있다. 여기서 '아키하테테(秋はてゝ)'는 가을이 끝났다는 뜻의 아키하테테(秋はてゝ)와 싫증이 나서 끝나 버렸다는 뜻의 아키하테테(飽きはてゝ)를 겹쳐 사용한 용법이다. 이와 같이 동음이의어를 사용해 와카에 사용하는 기법을 가케코토바(掛詞)라고 하는데 표현의 중첩성을 통해 작품 세계의 깊이를 더해 주기 위해 와카에서 자주 사용하는 기법이다. 이 노래에서는 또 하나의 가케코토바 용법을 사용하고 있는데 '시구레 후리누루(時雨ふりぬる)'의 '후리(ふり)'는 비가 내린다는 뜻의 후리(降り)와 시간이 경과

한다는 뜻의 후리(経り)를 겹쳐 사용하고 있다. 그래서 위 노래의 해석이 '겨울을 재촉하는 초겨울 비인 시구레(時雨)처럼 그대는 나를 떠나갔지만 나는 오랫동안 그대를 사랑했었기 때문에'라고 된 것이다. 그리고 '고토노하(ことのは)'라는 표현은 단순히 말만을 뜻하는 경우도 있지만 일반적으로 노래, 즉 와카를 뜻하는 경우도 많기 때문에 해석할 때 주의할 필요가 있다.

입산을 한다며 읊은 노래

山へいるとて

음력 시월에 겨울비만을 입고 전혀 모르는 깊은 산
들어가는 처지가 슬프구나

(조키 법사, * 453)

神な月時雨ばかりを身にそへてしらぬ山ぢに入るぞかなしき (増基法師, 453)

작품 해설

차가운 초겨울 비가 내리는 계절에 다른 소지품 하나 없이 맨몸에 차가운 비를 맞으며 한 번도 가 본 적이 없는 깊은 산속으로 입산하는 처지를 생각해 보니 슬프기 그지없음을 노래한 작품이다. 와카를 직역하면 '겨울비만을 몸에 걸치고(時雨はかりを身にそへて)'라는 뜻인데, '속세의 물건을 하나도 걸치지 않고 오로지 겨울비만을 걸치고 떠나왔다'라는 뜻이다.

* **조키 법사**(增基法師, **생몰년 미상**)

36가선 중 한 명으로, 947~957년경에 히에이산(比叡山)에서 수행했다고 전해진다. 기행 문학적 가집인 《조키 법사집(增基法師集)》이 있다.

임이 떠나가 살지 않는 집에 와서 단풍잎에 적어 보낸 노래

すまぬ家にまできて、紅葉にかきていひつかはしける

그대가 떠나 황폐해진 옛집에 찾아와 보니 때마침
나뭇잎이 예쁘게 물들었네

(후지와라노 나카히라, * 458)

人すまずあれたる宿をきてみればいまぞ木葉は錦をりける (枇杷左大臣, 458)

작품 해설

사람이 살지 않으면 집은 황폐해지는 법이다. 옛날에 사랑하던 사람이 떠나가 버린 옛집에 찾아가 보니 집 모양새가 형편없이 초라하다. 곳곳에 그 사람과의 추억이 남아 있지만 주인은 이미 떠나가 버렸는데, 돌봐 줄 사람이 없음에도 그 집에 있는 나무들에 달린 나뭇잎은 초겨울 날씨에 아름다운 빛깔로 단풍이 예쁘게 들어 있는 풍경을 읊고 있다. 황폐해진 집 모습과 어울리지 않게 예쁘게 물들어 있는 단풍잎이 멋진 대조를 이루고 있는 작품이다.

* **비와 좌대신**(枇杷左大臣), **후지와라노 나카히라**(藤原仲平, 875~945)

나카히라는 교토(京都)에 위치한 저택 비와다이(枇杷第)에 살았기 때문에 비와 좌대신(枇杷左大臣)이라 불렸다. 태정대신(太政大臣)이었던 모토쓰네(基経)의 차남으로 도키히라(時平)의 동생이다. 《이세집(伊勢集)》, 《야마토 모노가타리(大和物語)》, 《헤이추 모노가타리(平中物語)》에 등장한다.

답가

返し

내 눈물까지 겨울비에 더해져 내린 마을은 단풍잎의 빛깔도 유독 짙어 보이네

(이세, 459)

涙さへしぐれにそひてふる里はもみぢの色もこさまさりけり (いせ, 459)

작품 해설

단풍잎의 빛깔이 유독 짙어 보이는 이유는 단순히 비에 젖어서가 아니라 내가 흘린 눈물 때문이라는 해석이다. 당신이 나를 그리워해서 옛집을 방문해 주었듯이 나도 몸은 떠나왔지만 사실은 이별의 슬픔으로 지금도 피눈물을 흘리고 있고, 그 때문에 단풍잎이 더욱 아름다운 것이니 부디 나를 잊지 말아 달라는 당부의 답가인 셈이다.

음력 시월에 초겨울 비 내리기 시작할 때면 요시노의 산에는 첫눈이 내리겠네

(작자 미상, 465)

神な月しぐるゝ時ぞみよしのゝ山のみゆきもふりはじめける(よみ人しらず, 465)

작품 해설

교토 외곽에 있는 요시노산(吉野山)은 벚꽃이나 단풍의 명소로 알려져 있지만 겨울이 일찍 오는 곳으로도 유명하다. 음력 10월에 교토 부근에서 초겨울 비가 오기 시작할 때쯤이면 요시노산에는 눈이 내리기 시작할 것이라고 짐작해 읊은 노래다. 초겨울 비가 내리는 모습을 보며 같은 시각에 다른 공간, 즉 요시노산에서는 눈이 내릴 것을 상상해 봄으로써 공간의 확대를 꾀하고 있는 특이한 작품이라 할 수 있다.

음력 시월은 슬프기 그지없다 겨울비 오듯 이내 몸이 조금씩 늙는다 생각하니

(작자 미상, 469)

ちはやぶる神な月こそかなしけれ我身時雨にふりぬとおもへば (よみ人しらず, 469)

작품 해설

'치하야부루(ちはやぶる)'는 뒤에 '가미(神)'라는 표현을 끄집어내기 위한 수단으로 사용된 말로, 굳이 해석하지 않아도 된다. 이와 같이 어떤 표현 앞에 붙어, 뒤에 어떤 표현을 끄집어내는 역할을 하는 말이나 표현을 와카의 세계에서는 '마쿠라코토바(枕詞)'라고 한다. 그리고 '후리(ふり)'는 '초겨울 비가 내리다'라는 뜻의 후리(降り)와 '시간이 경과하다'라는 뜻의 후리(経り)를 겹쳐 사용한 가케코토바(掛詞) 용법으로 사용된 것이다. 겨울비가 내리기 시작하면 나이 먹은 사람들은 또 한 해가 지나가는구나 하며 탄식의 눈물을 흘린다는 심정을 빗대어 표현한 노래다. 어릴 적에는 나이를 먹고 싶어 하지만 나이가 들수록 나이 먹는 게 싫어지는 이치를 읊고 있다.

옛 도읍지의 눈은 마치 꽃처럼 내려 쌓이네 바라보는 내 맘도 눈처럼 녹아 가네

(작자 미상, 485)

ふる里の雪は花とぞふりつもるながむる我もおもひきえつゝ (よみ人しらず, 485)

작품 해설

현대 일본어에서 '후루사토(ふる里)'는 고향이라는 뜻인데, 일본어의 고어에서는 옛 도읍지나 옛날 추억이 남아 있는 마을이라는 뜻으로 사용된다. 이 노래에서는 옛 도읍지인 나라(奈良) 지방을 나타내는 말로 사용되고 있다. 나라(奈良) 지방은 옛날부터 벚꽃의 명소였기 때문에 눈 내리는 풍경이 마치 꽃이 핀 것처럼 아름답게 보였을 것이다. 그리고 꽃은 한번 피면 질 때까지는 시간이 걸리지만 눈꽃은 내리면 금방 녹아 버린다는 점에서 착안해, 눈 내리는 모습을 깊은 사색에 젖어 바라보았지만, 눈이 녹듯이 그 잡념도 금방 사라져 기분이 맑아졌음을 읊고 있다. 비를 바라보면 사색이 더욱 깊어지지만, 눈 내리는 풍경을 바라다보면 생각이 가벼워짐을 노래한 작품이라 하겠다.

매화 가지에 내려 쌓인 흰 눈을 봄이 가까워 잠시
착각하여서 매화인 줄 알았네

(작자 미상, 497)

梅がえにふりをける雪を春近みめのうちつけに花かとぞみる (よみ人しらず, 497)

작품 해설

매화꽃에 눈이 내린 것을 설중매라고 하는데, 이 작품은 매화꽃이 핀 것은 아니지만 이제 곧 봄이 다가오는 계절이기 때문에 눈이 내려 매화 가지에 쌓인 모습이 마치 매화꽃이 피어 있는 것처럼 보여 잠시 동안 착각했음을 노래하고 있다. 하얀 눈이 내려 마치 하얀 매화꽃이 핀 것처럼 착각하게 만들었다는 점이 이 노래의 신선함이라 할 수 있다.

사랑 노래 1

恋一

미나모토노 오키(源巨城)가 나의 침소에 다니다가 나중에는 오질 않아서 옆방의 벽 구멍으로 오키를 어렴풋이 본 다음에 편지를 보낼 때 부른 노래

源おほきかかよひ侍りけるを、後のちはまからすなり侍にけれは、となりのかべのあなよりおほきをはつかにみてつかはしける

맨정신으로 벽면의 그대 모습 보고 말았네 짧은 봄날
밤중에 진짜 꿈이었으면

(스루가, * 509)

まどろまぬかべにも人をみつるかなまさしからなん春の夜の夢 (するが, 509)

작품 해설

고토바가키에 나오는 것처럼 오랫동안 왕래하던 남자, 미나모토노 오키(源巨城)가 어느 날부터인가 걸음을 끊어버렸다. 그러다가 우연히 궁중에서 벽면에 난 구멍 사이로 그 사람 모습을 보고 반가운 나머지 편지를 대신해 보낸 노래다. 맨정신으로 그대 모습을 본 것이 꿈인지 생시인지 알 수 없었지만, 차라리 이게 짧은 봄날 밤에 꾼 진짜

꿈이기라도 하면 좋을 텐데 하고 아쉬워하는 내용이다. 생시가 아니고 꿈이었더라면 좀 더 두고 볼 수 있었을 터인데 생시에 본 것이라 허무하게 끝나 버려 아쉽기만 하다는 심정을 전하고 있다. 보통 봄날의 짧은 밤에 꾸는 꿈을 허무하다고 하는데, 그렇게만이라도 상대방을 보고 싶음을 강하게 피력한 작품이다.

* 스루가(駿河, 생몰년 미상)

궁중에서 활약한 여방(女房)이었던 것으로 추정되나, 구체적인 사항들은 알려져 있지 않다.

알고 지내는 사람에게 어떤 답장을 해 올까 기대하며 보낸 노래

あひしりて侍ける人のもとに、返事みんとて、つかはしける

언제 오려나 기다리는 석양과 곧 오겠다며 떠나는 아침 중에 어느 것이 나을까

(모토요시노 미코, * 510)

くやくやとまつ夕暮といまはとてかへるあしたといづれまされり (元良のみこ, 510)

작품 해설

사랑하는 사람이 오기를 기다리는 석양 무렵은 좀처럼 시간이 흐르질 않는 법이다. 어두워지면 임이 방문해 올 텐데 도대체 시간이 가질 않아서 기다리는 사람은 초조하기 그지없다. 이때 기다리는 시간의 길이는 그 어느 때보다 길게 느껴지기 마련이다. 반대로 밤에 자신의 침실에 찾아왔던 사랑하는 임이 다음 날 새벽에 지금은 떠나야 할 시간이라며 돌아가는 모습을 배웅하는 시간 또한 아쉬움에 견딜 수가 없다. 이 두 상황 모두 기다리는 여성 입장에

서는 바람직한 상황이 아니다. 그런 의미로 그 둘 중에서 어느 쪽이 더 낫겠는가 하고 묻는다면 대답할 수 있는 사람이 없을 것이다. 괴롭기는 마찬가지이기 때문에 어느 쪽이 낫다고 할 수 없는 심경을 읊고 있다. 기다리는 사람의 아픔과 떠나보내는 사람의 아픔을 잘 표현한 작품이다.

* **모토요시노 미코**(元良皇子, 890～943)
57대 요제이 천황(陽成天皇)의 아들. 벼슬은 3품 병부경(三品 兵部卿)까지 이르렀다. 와카와 풍류에 뛰어난 인물로 알려졌다. 《후찬와카집》 이후 20수의 노래가 칙찬 와카집에 실려 있다.

답가

返し

석양 무렵엔 기다리는 일에만 신경 쓰지만 소나무의

이슬처럼 아침에는 죽으리

(후지와라노 가쓰미, * 511)

夕暮は松にもかゝるしら露のをくるあしたやきえははつらん (藤原かつみ, 511)

작품 해설

여성 입장에서 볼 때 기다리는 석양 무렵은 지루하기는 해도 기다리는 일만 신경 쓰면 결국 사랑하는 임이 방문해오겠지만, 소나무에 맺힌 이슬이 아침이 되면 떨어져 사라지는 것처럼 사랑하는 임이 떠나가는 아침에 나의 생명은 이슬처럼 사라져 죽을 수밖에 없다고 자신의 심경을 읊고 있다. 즉, 기다리는 저녁도 괴롭긴 마찬가지이나 헤어지는 아침이 더욱 괴롭다고 답하고 있다.

*** 후지와라노 가쓰미**(藤原かつみ, **생몰년 미상**)

《후찬와카집》에 실린 노래 속 정보에 따르면 명부[12]였으며, 모토요시노 미코(元良皇子), 요시미네노 요시카타(良峯義方)와 교류가 있었다는 것을 알 수 있지만, 더 자세한 사항은 알려져 있지 않다.

12) 명부(命婦) : 관제상 5위(五位) 이상의 여성 관리, 혹은 5위 이상의 관인의 처.

사랑을 하면서도 자주 만날 수 없는 여인의 집에 보낸 노래

こゝろざしありながら、えあはず侍りける女のもとにつかはしける

오랫동안을 서로 만날 수 없이 보낸 시간은 구슬 같은
눈물도 봄엔 더욱 짙겠지

(후지와라노 도키히라, * 545)

ころをへてあひみぬ時は白玉のなみだも春はいろまさりけり (藤原時平, 545)

작품 해설

고토바가키(詞書)를 보면 서로 사랑하며 좋아하는 마음을 가지고 있으면서도 여러 가지 여건으로 만날 수 없는 여인에게 종을 보내어 노래를 전했다는 내용이 적혀 있다. 사랑하지만 만나지 못한 세월이 오래가면 마치 투명한 이슬과 같던 눈물의 빛깔도 봄이 되면 더욱 색깔이 선명하고 짙어질 것 같으니 하루라도 빨리 만나자는 원망 반, 제의 반의 노래 내용이다. 봄이 되면 자연의 빛깔이 칙칙한 겨울 빛에서 더욱 선명하고 밝은 색으로 변해 가는 데에서

착안해 자연은 아니지만 나의 눈물 빛도 더욱 짙어질 것 같다는 의미다.

* **후지와라노 도키히라**(藤原時平, 871~909)
후지와라노 모토쓰네(藤原基経)의 장남. 어머니는 사네야스노 미코(人康皇子)의 딸이다. 벼슬은 좌대신(左大臣)까지 올랐다. 당시 라이벌이자 우대신(右大臣)이었던 스가와라노 미치자네(菅原道真)를 모반을 기획한 죄로 몰아내고, 후지와라씨(藤原氏)의 정치적 실권 장악에 기여한 것으로 악명이 높았다. 하지만 엔기(延喜) 연간의 여러 개혁을 이끄는 등 정치가로서의 수완은 뛰어났다고 전해진다.

답가

返し

그댈 그리며 흘린 눈물이 봄엔 미지근하네 끝없는
그리움이 눈물을 데웠나 봐

(이세, 546)

人こふる涙は春ぞぬるみけるたえぬ思ひのわかすなるべし (いせ, 546)

작품 해설

서로 만나지 못한 오랜 시간 동안 나도 그대를 생각하며 매일매일 마음을 조이고 있었던 탓으로 눈물이 미지근하게 변해 버렸다. 눈물이 미지근하게 데워진 이유는 아마도 그대를 향한 내 마음이 하루도 빠짐없이 불처럼 타올랐기 때문에 그렇게 된 것일 거라고 추측해 읊은 노래다. 임을 종일토록 생각한다는 의미의 '오모이(思ひ : 표기상으로는 '오모히'지만, 실제 발음은 '오모이')'의 '히'는 불을 뜻하는 '히(火)'라는 의미를 내포하고 있는데 바로 이것을 두고 가케코토바라고 한다. 즉, 생각이 불처럼 타오른다는

근거가 바로 이 가케코토바 용법에서 나온 것임을 이해하면 내용을 쉽게 파악할 수 있을 것이다.

달리 사랑하는 사람이 있는 여자에게 사랑을 고백했지만 효과가 없어서 보낸 노래

おもふ人侍ける女に物のたうびけれど、つれなかりければつかはしける

나의 임이여 그댈 쳐다보지도 않는 사람을 부디 사랑하지 마시오 나만을 사랑하게

(작자 미상, 571)

おもふ人思はぬ人のおもふ人おもはざらなんおもひしるべく (よみ人しらず, 571)

작품 해설

자신이 좋아하는 사람이 자신 아닌 다른 사람을 좋아하고 있다. 이런 경우 어떻게 해야 할지 몰라 망설이다가 다시 한번 그녀에게 자신의 마음을 전하기 위해 노래를 보냈다. 노래의 내용은 당신을 쳐다봐 주지도 않고 당신을 생각해 주지도 않는 사람을 체념하고 부디 이제부터는 그 사람을 생각하지 말고 나의 마음을 알아주었으면 좋겠다는 뜻이다. 노래 한 수에서 '사모하고 생각한다'라는 뜻의 '오오후(思ふ)'[13]라는 동사가 다섯 번이나 사용되고 있다는

점이 특이하다고 할 수 있다. 내용이 좀 꼬여 있는 듯 보이지만, 상대방이 자신만을 생각해 주길 바란다는 뜻이다.

13) 오오후(思ふ) : 표기는 '오모후'지만 실제 발음은 '오오후'.

답가

返し

겨울바람에 숲속의 풀잎들도 못 견디는데 그대의
한탄마저 더해져서 힘드네

(작자 미상, 572)

こがらしのもりの下草風はやみ人のなげきはおひそひにけり (よみ人しらず, 572)

작품 해설

겨울바람(木枯らし)은 여기서는 매섭게 몰아대는 남성을 가리킨다. 즉, 매서운 겨울바람처럼 한 남자가 나에게 다가와서 감당하기 어려운 지경인데, 또 다른 남성인 그대의 한탄까지 나에게 부담으로 더해진다고 생각하니 여자인 나의 입장도 매우 괴롭다는 의미의 노래다. 여인이 자신의 입장을 겨울바람이 몰아치는 숲속에 있는 마른 풀잎으로 비유하고, 그 풀잎 위로 부는 바람을 두 명의 남성으로 상징하고 있다는 점을 이해하면 이 노래를 좀 더 쉽게 읽을 수 있을 것이다.

어떤 사람에게 보낸 노래

人につかはしける

내 얼굴 보고 사랑한다는 소문 떠돌았나 봐 내 눈물로 물이 든 소매 색이 짙어서

(작자 미상, 580)

いろに出てこひすてふなぞ立ぬべき涙にそむる袖のこければ (よみ人しらず, 580)

작품 해설

아무리 숨기려 해도 누군가를 사랑하고 있다면 숨길 수가 없다. 특히 얼굴이나 표정을 보면 그 사람이 누군가를 좋아한다는 것을 짐작할 수 있다. 사랑하는 사람이 그리워 눈물을 흘릴 때에는 견디기 어려운 괴로움으로 눈물 색이 피눈물 색깔로 변하게 되고, 그렇게 되면 그 짙은 눈물이 소맷자락을 적시게 되기 때문에 자연스레 남에게 발각이 되게 되어 있다. 이 노래도 그러한 심경을 읊고 있으며, 은근히 남들이 알아준다는 사실에 조금은 쾌재를 부르고 있는 심정도 포함되어 있다고 하겠다.

그댈 모르고 사랑의 탄식조차 모를 때에는 그리운
생각조차 내게는 없었는데

(작자 미상, 582)

あひもみず歎きもそめずありし時おもふ事こそ身になかりしか (よみ人しらず, 582)

작품 해설

사랑하는 사람을 만나 본 적이 없을 때에는 사랑으로 인한 탄식 같은 것을 경험해 본 적이 없었는데 막상 사랑을 시작하고 보니 헤어지면 그립고 만나면 아쉬워서 늘 탄식이 나올 수밖에 없다. 이런 괴로운 사랑 같은 것을 하지 않았을 때였다면 누군가를 그리워하며 번민하고 고민하며 이리저리 생각하는 일조차 내 몸에는 일어나지 않았을 텐데 하고 괴로운 심정을 토로한 노래다. 사랑이란 좋은 일임에는 틀림없지만 번민을 동반한다는 사실을 깨우쳐 주는 내용의 노래다.

사랑 노래 2

恋二

아직 나이가 어린 여인에게 보낸 노래

まだ年わかゝりける女につかはしける

너무 어려서 이삭으로 맺히진 않은 갈대꽃 마음으론
살며시 서로 교통하고파

(미나모토노 나카타다, * 604)

葉をわかみほにこそ出ね花薄したの心にむすばざらめや (源中正, 604)

작품 해설

마음속으로 사랑하는 그녀가 아직 나이가 너무 어려 사랑의 열매를 맺기에는 너무 심한 감이 든다. 하지만 혹시라도 내가 아닌 다른 사람에게 유혹당하면 곤란하니까 마음속으로라도 서로 교통하며 성숙할 때까지 그 마음 변치 말고 기다려 달라고 당부하는 노래다. 갈댓잎이 너무 어려서 이삭이 나오려면 아직 멀었다는 표현은 어린 여인을 갈댓잎에 비유한 것이다.

*** 미나모토노 나카타다**(源中正, ?~921)

대장대보(大藏大輔) 마사토시(当年)의 아들. 벼슬은 지쿠젠[14)]의 지방관에 머물렀다. 《후찬와카집》에는 3수의 노래가 실려 있다.

14) 지쿠젠(筑前) : 지금의 후쿠오카(福岡) 지방.

편지를 주고받던 여인이 다른 사람과 맺어졌다는 얘기를 듣고 보낸 노래

ふみかよはしける女の、こと人にあひぬときゝてつかはしける

이렇게까지 변하기 쉬운 거라 알았지마는 그 사람과
떨어져 무얼 믿어 왔던가

(다이라노 도키모치,* 615)

かくばかりつねなきよとは知りながら人をはるかになにたのみけん (平時望朝臣, 615)

작품 해설

서로 사랑하는 사람이 있었는데 무언가 사정이 있어 서로 떨어져 편지를 가지고 소식을 전하는 처지가 되었다. 그러던 중에 갑자기 자신이 사랑하는 사람이 다른 사람과 결혼했다는 소식을 듣게 되어 부랴부랴 자신의 심경을 적어 그 여인에게 보낸 노래다. 이 세상 모든 게 덧없는 것이다 보니 어느 것 하나 옛날이나 다름없는 게 없다는 사실을 잘 알고 있으면서도 그래도 상대방 여성을 믿었기에 편지로만 자신의 감정을 전해 왔는데, 다른 사람과 결혼한 걸

보니 상대방을 믿었던 자신의 모습이 한심하기도 하고, 또 상대방이 원망스럽기도 한 나머지 넋두리 같은 심경을 읊어 혹시라도 이 노래를 전하면 돌아오지 않을까 하는 기대감에서 노래를 읊고 있다. 돌아오라는 식의 부탁은 하지 않고 오로지 상대방을 믿고만 있었던 자신의 처지를 한탄조로 읊어 상대방의 동정을 사고 싶은 심정을 잘 나타내고 있다.

* **다이라노 도키모치**(平時望, 877~938)

다이라노 코레노리(平惟範)의 아들. 벼슬은 종3위(從三位) 중납언(中納言)에까지 이르렀다. 칙찬 와카집 중, 《후찬와카집》에 1수만이 실려 있다.

좀처럼 답장을 주지 않던 여인에게서 어렵게 답장을 받고 읊은 노래

返事せざりける女のふみをからうじてえて

필적을 보니 어느 정도 마음은 위로받지만 앞으론
목소리를 직접 듣고 싶구려

(작자 미상, 635)

あとみれば心なぐさのはま千鳥いまは声こそきかまほしけれ (よみ人しらず, 635)

작품 해설

그리워하며 편지를 보내어도 답장 하나 없이 냉담했던 그녀에게서 겨우겨우 답장을 받았다. 필적을 보니 그녀의 글씨가 틀림없었다. 그런데 편지를 받고 보니 편지로는 만족이 되질 않고 이젠 기회가 있으면 직접 만나 그녀의 목소리를 듣고 싶은 마음이 생겼다는 심정을 강하게 표현하고 있다. '하마치도리(浜千鳥)', 즉 바다도요새는 여기서는 실제로 새를 읊은 것이 아니고, 필적이라는 뜻의 '아토(跡)'와 목소리라는 뜻의 '고에(声)'를 끄집어내기 위한 수

단으로 사용한 용법이다. 이와 같은 기법을 '엔고(緣語)'라고 한다.

몇 해 동안 자신을 다니게 허락해 준 사람에게 보낸 노래

とし久しくかよはし侍ける人につかはしける

옥구슬을 꿴 실처럼 짧디짧은 목숨 가지고 기나긴 세월 동안 용케도 사랑했소

(기노 쓰라유키, 646)

玉のをのたえてみじかき命もてとし月長き恋もするかな (貫之, 646)

작품 해설

옥구슬이라는 뜻의 '다마(玉)'는 여기서는 가케고토바 용법으로 사용되고 있는데, 생명이나 영혼을 나타내는 '다마(魂)'와 발음이 같기 때문에 두 가지 의미를 겹쳐 사용하고 있다. 즉, 옥구슬을 꿰고 있는 실처럼 금방이라도 끊어질 것 같은 내 목숨이라는 뜻이 된다. 그리고 '짧다(みじかき)'라는 표현과 '길다(長き)'라는 반대되는 표현을 사용해 두 사람의 만남이 상당히 길었음을 강조하고 있다. 고토바가키의 해를 거듭해서 여러 해 동안 자신이 그 여인의 침소에 방문하는 것을 허락했다는 내용으로 미루어 볼 때,

자신을 오랫동안 만나 준 그녀에 대한 고마움과 더불어 앞으로도 계속 만나 주기를 기대하는 내용이라 할 수 있다.

그 사람에게 몇 번이고 말로 부탁했는데도 들어주지 않아서 보낸 노래

人をいひわづらひてつかはしける

그대로부터 지금은 무슨 말을 기대할거나 신도 돕지를 않는 딱한 내 처지로다

(다이라노 사다훈, * 658)

なに事を今はたのまむちはやぶる神もたすけぬ我身なりけり (平定文, 658)

작품 해설

좋아하는 사람에게 몇 번 말로 부탁했는데도 불구하고 상대방에게서는 아무런 답이 없었다. 답답한 나머지 편지로 자신의 심정을 읊은 노래다. 아무리 애원해도 그대는 만나 주지 않고, 만약 신이 계시다면 나의 이 간절한 소원을 들어줄 만한데 그러지 않는 걸 보니 이내 처지가 불쌍하기 그지없다. 그러니 부디 사랑하는 그대가 만나 주면 좋겠다는 간절한 소망을 담고 있는 노래다.

*** 다이라노 사다훈**(平貞文, ?~923)

《고금와카집》 이후 26수의 노래가 칙찬 와카집에 실렸다. 헤이추(平中)라는 이명으로 불렸고, 《헤이추 모노가타리》의 주인공으로, 당시 풍류를 즐긴 미남자라고 전해지고 있다.

답가

返し

신들께서도 듣는 귀가 열리어 있었나 보다 여러 가지
소원을 몇 해 동안 빌어서

(아리와라노 오쓰부네, * 659)

千はやぶる神もみゝこそなれぬらしさまざまいのるとしもへぬれば (おほつふね, 659)

작품 해설

당신이 나뿐만이 아니라 여러 사람에게 추파를 던지며 그 때마다 그 소원이 이루어지길 빌며 지내 온 세월이 몇 년이나 되었기 때문에 신들도 당신이 비는 기원에 귀가 익숙해져서 이젠 기원을 들어주는 게 아니라 그냥 근성으로 또 비는구나 하고 정작 소원은 들어주지 않는 것이라며 상대방에게 정신을 차리라고 충고하는 내용이다. 사랑 노래의 답가는 보통 상대방의 프러포즈에 응답하는 형식의 노래가 많은데, 이 노래는 응답의 노래가 아니고 충고의 노래라는 점에서 특이하다 하겠다.

*** 아리와라노 오쓰부네**(在原おほつぶね, **생몰년 미상**)

아리와라노 나리히라(在原業平)의 손녀이자, 무네야나(棟梁)의 여식으로, 오쓰부네는 어릴 적 이름이었다고 한다. 요제이인(陽成院)을 모셨고, 《후찬와카집》에는 3수의 노래가 실려 있다.

남자에게서 '그대에게 다른 남자가 생긴 것 같으니 헤어지자' 하고 편지가 와서 그 여자를 대신해서 (또 다른 남자, 즉 이 여자가 최근에 사랑하게 된 남자가) 읊은 노래

おとこのもとより、いまはこと人あんなれば、といへりければ、女にかはりて

사랑한다며 서로 의지한 적도 있었을 테니 근거 없는
소문을 내지 말고 잊으소

(작자 미상, 662)

思はんとたのめし事もある物をなきなをたてゞたゞに忘ね (よみ人しらず, 662)

작품 해설

고토바가키에 적혀 있는 내용처럼 전에 서로 좋아했던 사이였지만 지금은 새로운 남자가 생겨 그 사람과 사귀고 있는데, 옛날에 사귀던 남자가 '그대에게 다른 남자가 생긴 것 같으니 헤어지자' 하고 편지를 보내와서, 여자를 대신해 현재 사귀고 있는 남자가 보낸 편지다. 두 남자와 한 여자의 복잡한 관계 가운데, 현재의 남자가 읊은 노래다. 내용은 한때는 서로 사랑했던 관계일 테니 이 여자가 어쨌다

느니 하는 쓸모없는 소문 같은 것을 퍼트리지 말고 이젠 부디 과거의 모든 걸 잊어 달라는 당부의 노래다. 새로운 남자의 입장에서는 현재 사귀고 있는 여자에 관해 쓸모없이 나쁜 소문이 나면 곤란하니 부디 옛정을 생각해서 잊어 달라는 얘기다.

답가

返し

가스가 들녘 들판지기 사내가 다 보았는데 없던 걸로
하라면 죄를 받으실 거요

(작자 미상, 663)

春日野ゝとぶひのゝもりみし物をなきなといはゞつみもこそうれ (よみ人しらず, 663)

작품 해설

가스가(春日) 들녘에는 예로부터 들판에 혹시 불이라도 나면 큰일이기 때문에 불이 나지 않도록 들판지기가 지키고 있었다. 또한 이 가스가 들녘에는 봄이 오면 궁중 행사로 봄나물 캐기(春菜摘み)가 열려 임금이 행차한 곳이기도 하다. 한때 사랑했던 여인이긴 하지만 옛날에 있었던 일을 다 없던 걸로 하자는 말을 듣고 보니 아마도 그대는 큰 죄를 받을 것이 틀림없다는 답장의 노래다. 이 노래 속에는 가케코토바가 숨어 있는데 '소문이 없는 이름'이라는 뜻의 '나키나(なき名)'와 '형태가 없는 나물(菜)'이라는 뜻의 '나키나(なき菜)'를 겹쳐 사용하고 있으며, '쓰미(つみ)'는 '나물 캐기'를 나타내는 '쓰미(摘み)'와 '죄'라는 뜻의 '쓰미(罪)'를 겹쳐 사용하고 있다. 두 사람의 관계를 남들이 모두 알고 있다는 표현을 하기 위해 가스가 들녘(春日野)의 들판지기를 사용했고, 가스가 들녘이 예로부터 봄나물 캐기의 명소인 데서 나물(菜)을 가져 왔으며, 봄나물을 캐는 행사에서 나물 캐기(摘み)라는 표현을 갖고 왔다. 그리고 실제로는 소문이 없는 이름(なき名), 즉 우리 사이를 없던 걸로 하시면 죄(罪)를 받게 된다는 의미를 나타내고 있다. 이와 같이 가케코토바의 용법을 사용함으로써 단순하기 쉬운 와카의 작품 세계를 보다 복잡하게 표현하게 된 것이다.

오랫동안 만나지 못했던 여인에게 보낸 노래

久しうあはさりける女につかはしける

생각 못했네 만나지 못한 날이 언제부턴지 세어 볼
정도까지 되리라곤 말일세

(미나모토노 사네아키라, * 668)

思ひきやあひみぬ事をいつよりとかぞふばかりになさん物とは (源さねあきら, 668)

작품 해설

자신의 생각을 우선 노래의 첫 부분에 내놓는 도치법을 사용함으로써 이렇게 오랫동안 만나지 못하리라고는 생각지도 않았다는 점을 아주 강조한 노래다. 처음에는 이제 곧 만나려니 하고 지냈는데 만나지 못한 날이 길어지다 보니 이제는 우리가 만나지 못한 것이 언제부터였는지를 헤아려 볼 정도로 오랜 시간이 지나 버렸다는 의미다. 만날 수 없는 이유가 여성에게 있는 게 아니고 노래를 보내는 남자의 입장에서 변명을 겸해서 본의 아니게 꽤 오랫동안 못 만나 죄송하다는 의미로 해석할 수 있다.

* **미나모토노 사네아키라**(源信明, 910～970)
36가선 중 한 명으로, 다이고 천황(醍醐天皇)을 가까이에서 모셨던 긴타다(公忠)의 아들. 벼슬은 주로 지방관을 역임했다. 병풍 노래들을 많이 읊었고, 일상적 감각이 돋보이는 노래도 많았다. 여성 가인 중 나카쓰카사(中務)와 부부지간이었으며, 그녀와 주고받은 증답가가 40수 정도 전해져 오고 있다.

'달빛을 아름답다고 하는 건 금물이오'라는 사람이 있어 읊은 노래

月をあはれといふはいむなり、といふ人のありければ

홀로 자는 게 너무나도 외로워 일어나 앉아 달을 보는
자에겐 금물이라 못하오

(작자 미상, 684)

独ねのわびしきまゝにおきゐつゝ月を哀といみぞかねつる (よみ人しらず, 684)

작품 해설

예로부터 중국이나 일본에서는 달을 바라보며 생각에 젖는 것은 좋지 않다는 인식이 있어 왔다. 그 통념을 실제 체험해 보니 너무나도 황당한 느낌이 든다는 것을 노래한 내용이다. 사랑하는 사람이 찾아오길 고대하지만 아무리 기다려도 그 사람은 오지 않고 깜박 잠이 들었다가 도중에 깨어 보니 도대체 잠이 오지 않아 아예 일어나서 달을 친구 삼아 이런저런 생각을 하며 위로를 삼다 보면 달을 쳐다보는 게 좋지 않다는 생각 자체가 황당하기 그지없다는 의미의 노래다.

사랑 노래 3

恋三

사랑한다고 더 이상 얘기하지 않으려 하오 바지 끈이 풀리면 남들이 알 테니까

(아리와라노 모토카타, 701)

こひしとはさらにもいはじしたひものとけんを人はそれとしらなん (ありはらのもとかた, 701)

작품 해설

상대방을 사랑하기 때문에 그리움이 몰려와서 몇 번이고 그립다는 소식을 전했는데도 상대방에게서는 아무런 소식도 없다. 기다리다 지쳐서 거의 체념에 가까운 처지에 있는 작자는 이제 상대방 쪽에서 나를 좋아하면 저절로 바지 끈이 풀리게 될 테고, 그렇게 되면 남들이 다 그 사람이 나를 좋아하고 있다는 걸 알게 될 테니 이젠 상대방이 어떻게 해 줄 것인지 선처만 기다리고 있다는 심경을 전한 노래다. 《만엽집》 등에서부터 상대방이 자신을 좋아하면 바지 끈이 저절로 풀려 다른 사람들이 알게 된다는 일종의 속신(俗信) 같은 것이 존재했는데, 이 노래 작자도 이 속신을 믿고 상대방의 선처만 기다리고 있는 것이다. 이심전심이라고나 할까 내 마음이 상대방에게 전해졌으면 상대방도 내 마음을 알아주어 어떤 행동을 해 올 것이라고 믿고 있는 내용이다.

답가

返し

바지 끈으로 내 마음을 안다고 하시지마는 안 풀리는 바지 끈 사랑한단 말 마소

(작자 미상, 702)

したひものしるしとするもとけなくにかたるがごとはあらずも有る哉(よみ人しらず, 702)

작품 해설

상대방은 자신의 최선을 다했기 때문에 이젠 나의 처분만 기다린다고 하는데, 정작 내 마음은 상대방을 사랑할 만큼 준비가 되질 않았다. 그 증거로 아직 내 허리끈이 풀리지 않은 것을 보면 알 수 있다. 그런데 상대는 정반대의 말을 하는데 그건 말이 되지 않는 소리라고 강하게 부인하고 있다. 이 노래를 보면 상대 남성이 무리하게 일방적으로 혼자 좋아하고 있었음을 알 수 있다.

겨우 만날 수 있었던 여인에게 숨겨야 할 일이 있어 다시 만날 수 없게 되어 보낸 노래

からうじてあへりける女に、つゝむ事侍て又えあはず侍ければ、つかはしける

만난 이후로 보고 싶어 남몰래 흘린 눈물로 나의
소맷자락은 마를 날이 없다오

(후지와라 가네스케, 723)

あふさかの木の下露にぬれしよりわか衣ては今もかはかす (兼輔朝臣, 723)

작품 해설

노래를 직역하면 오사카[15] 언덕에 있는 나무 밑의 이슬에 내 소맷자락을 적시고부터 내 소맷자락은 지금도 여전히 마르지 않았다는 뜻이다. '오사카(逢坂)'라는 말은 실제로 존재하는 언덕이기도 한데 지명에 '만나다'라는 뜻의 '오오(逢ふ)'[16]라는 발음이 들어 있기 때문에 예로부터 사랑

15) 오사카(逢坂) : 표기는 '아후사카'지만, 실제 발음은 '오사카'. 현재의 오사카(大阪)와는 발음은 같지만 다른 지역.

의 노래에서 남녀의 만남을 암시하는 용법으로 자주 사용되어 왔다. 그리고 이슬(露)은 아침에 내리는 이슬이라는 뜻 외에 눈물을 암시하는 표현으로도 많이 사용되고 있는데 여기서도 눈물을 나타내고 있다. 뭔가 자기 쪽에 말 못할 사연이 있어 그녀를 만날 수는 없었지만, 아직도 그녀를 사랑하고 있음을 암시하며 지금이라도 기회가 있으면 다시 만나길 고대한다는 심정을 읊고 있다.

16) 오오(逢ふ) : 표기는 '아후'지만 실제 발음은 '오오'.

여인에게 보낸 노래

女のもとにつかはしける

그대 모르는 이내 몸은 초조해 서두르지만 어찌해
오랫동안 만날 수가 없나요

(후지와라노 고레마사, * 731)

人しれぬ身はいそげどもとしをへてなどこえがたきあふさかの関(これまさの朝臣, 731)

작품 해설

내가 상대방을 사랑한다는 사실을 아직 그대는 몰라주기 때문에 이내 마음은 초조해서 견딜 수가 없는데 그대는 어찌하여 내 마음도 몰라주고 계시나요? 일방적으로 사랑하는 마음을 키워 온 남자가 이젠 더 이상 견딜 수 없어 상대방 여인에게 사랑을 고백하며 읍소하고 있는 내용이다. 'こえかたき(越え難き)'는 원래 '넘어가기 어려운'이라는 뜻인데 뒤에 '만남을 상징하는 언덕인 오사카(逢坂)를 넘기 어렵다'는 뜻이 되어 결국은 만날 수가 없다는 의미를 나타낸다.

* 후지와라노 고레마사(藤原伊尹, 924~972)

통칭 이치조 섭정(一条摂政, 이치조 거리에 사는 섭정님)이라고 불렸다. 우대신(右大臣) 모로스케(師輔)의 적자이며, 어머니는 후지와라노 쓰네쿠니(藤原経邦)의 딸 모리코(盛子)다. 벼슬은 정2위 태정대신까지 이르렀다. 화려하고 사치스러운 취향으로, 많은 여성들과의 연애 편력으로 유명했으며 다수의 증답가를 남겼다. 《후찬와카집》 이후 칙찬집에 37수의 노래가 실려 있다.

답가

返し

동쪽으로는 다닐 만한 사람이 아니옵기에 언제나 넘게 될지 오사카의 언덕을

(오노노 요시후루의 딸, * 732)

東路に行かふ人にあらぬ身はいつかはこえんあふさかの関 (小野好古朝臣女, 732)

작품 해설

오사카(逢坂)는 당시 사람들이 교토에서 동쪽 지방(여기서 말하는 동쪽이라 함은 현재의 일본 간토 지방은 물론이고 도호쿠 지방까지를 일컫는 말이다)으로 길을 떠날 때 처음으로 묵을 만한 장소에 있는 관문이다. 이 오사카의 관문은 사람들이 쉬어 가면서 먹고 마시며 다음 여정을 준비하는 곳인데, 길을 떠나는 사람은 물론이고 헤어짐을 아쉬워하는 전송객이 같이 머물기도 하고, 또 오랫동안 지방을 여행하다가 돌아오는 사람도 교토에 들어가기 전 마지막 관문인 셈이라 이때에도 그동안의 헤어짐을 아쉬워하

며 미리 마중을 나온 마중객과 더불어 회포를 푸는 장소이기도 하다. 가인은 상대 남성의 호의를 거절하는 의미로 이 노래를 읊고 있다. 자신은 동쪽 지방과 아무런 관계가 없기 때문에 아후사카 관문을 넘을 일이 없기에 결국 당신과 만날 일도 없다는 내용의 노래로 상대방의 프러포즈를 거절하고 있다.

* **오노노 요시후루의 딸**(小野好古朝臣女, **생몰년 미상**)
헤이안 시대 무인이자 가인이었던 오노노 요시후루(小野好古)의 딸. 《후찬와카집》 속 정보에 따르면, 노나이시(野内侍)라고 불리며 궁중에서 내시[17]로 근무했다는 사실이 알려져 있다.

17) 내시(内侍) : 왕의 후궁들을 돌보고 관리하던 여성 관리.

여자에게 보낸 노래

女のもとにつかはしける

오미 가는 길 길 안내자 없어도 만나고 싶소 관문 이쪽에서는 괴롭기 그지없소[18)]

(미나모토노 나카타다, 785)

あふみぢをしるべなくてもみてしがな関のこなたはわびしかりけり (源中正, 785)

작품 해설

오미(近江)는 지금의 시가(滋賀) 현의 옛 명칭이다. 이 노래에서는 단순히 지명만을 나타내는 것이 아니고 오미, 즉 만날 사람이라는 뜻을 같이 읊은 가케코토바 용법이다.

18) 여기서 오미(近江)는 표기상으로는 아후미(あふみ)라고 쓰지만, 실제 발음은 오미(おおみ)라고 읽는다. 오미(近江)의 아후미(あふみ)와 오미(逢ふ身)의 아후미(あふみ)가 같은 오미(おおみ)로 발음되기에 이를 통해 노래 속에 두 의미를 겹쳐 놓는 것을 가케고토바 수법이라고 한다. 마찬가지로 오사카(逢坂) 역시도 표기는 아후사카(あふさか)지만, 실제 발음은 오사카(おおさか)라고 읽는 것이 원칙이다. 주 15 참조.

그렇기 때문에 해석할 때에는 실제 오미 길은 아니지만 만날 사람을 중간에 세우는 안내자(당시 남녀가 만나거나 편지를 주고받을 때에는 중간에 연락하는 시종을 개입시키는 경우가 일반적이었다) 없이 만나고 싶다고 해석해야 한다. 그리고 관문이라는 표현이 나오는데 이 노래의 관문은 사랑의 노래이기 때문에 당연히 오사카(逢坂)의 관문을 지칭한다. 오미(近江)라는 곳은 오사카(逢坂)의 관문을 지난 관문 저쪽 편에 있는 지명이다. 그리고 관문 이쪽이라는 표현은 아직 상대방을 만나기 전이라는 뜻도 내포하고 있다. 그렇기 때문에 그대를 만나기 전인데도 내 마음은 괴롭고 쓸쓸하다고 자신의 심경을 읊고 있다.

답가

返し

길을 모른 채 끝나 버리겠지요 그 오사카의 관문 건너편 쪽은 바다라 하잖아요

(시모쓰케, * 786)

道しらでやみやはしなぬあふ坂の関のこなたはうみといふなり (下野, 786)

작품 해설

오미 지방으로 나가는 길을 알지도 못한 채로 우리 사랑은 끝나 버리겠지요. 남들이 말할 때 오사카 관문 건너편 저쪽은 오미의 바다라고 말하고 있잖아요. 여기서 '우미(うみ)'는 바다라는 뜻의 '우미(海)'와 걱정이나 근심이라는 뜻의 '우미(憂み)'를 같이 읊은 가케코토바 용법이다. 즉, 오사카 관문은 만남을 상징하고, 만난 이후, 즉 관문 저쪽 편은 바다이기도 하지만 사랑의 번민으로 걱정과 고민이 많음을 시사하는 와카다. 그대가 아무리 만나고 싶다고 해도 사랑의 길은 괴롭고 걱정이 많은 것이니 이쯤에서 끝내는 것이 좋지

않겠습니까 하고 상대방의 고백을 거절하는 내용이다.

*** 시모쓰케**(下野, **생몰년 미상**)

미나모토노 마사즈미(源正澄)의 여식으로, 마사즈미가 시모쓰케[19]의 지방관이었기 때문에 시모쓰게로 불렸다.

19) 시모쓰케(下野) : 지금의 도치키(栃木) 지방.

오직 편지로만 서로 주고받은 지 꽤 많은 시간이 흐른 사람에게 보낸 노래

たゞふみかはすばかりにてとしへ侍ける人につかはしける

물새 발자국 금방 사라지듯이 덧없는 세월 편지만
주고받는 헛된 인연이구려

(작자 미상, 836)

水鳥のはかなきあとにとしをへてかよふばかりのえにこそ有りけれ (よみ人しらず, 836)

작품 해설

물가에 나는 새가 물 위에 남긴 발자국이 금방 사라져 없어지듯이, 당신을 만나지도 못한 채로 허송세월만 하고 있는 것을 보니 우리 사이는 그냥 이렇게 만나지도 못한 채로 끝나야 하는 인연인가 봅니다 하고 상대방을 원망하며 부른 노래다. 물새(水鳥, みずとり)의 '미즈(みず)'와 '만나지 못하고'라는 뜻의 '미즈(見ず)'를 가케코토바 용법으로 사용하고 있다.

답가

返し

파도 위에는 물새의 발자국이 안 보이겠죠 물 위에 떠서 보낸 햇수는 안 중요해

(작자 미상, 837)

浪のうへにあとやはみゆる水鳥のうきてへぬらん年はかずかは (よみ人しらず, 837)

작품 해설

파도 위의 물새 발자국처럼 만나지 못한 채로 보낸 세월이 허무하다고 하시지만, 그렇게 허송세월로 보낸 햇수 따위는 중요하지 않습니다. 그 마음 변치 않고 계신다면 우리가 만날 날이 올 테니까요 하고 체념투로 말하는 상대방을 위로하는 내용이다.

애정이 식어 나에 대한 마음이 소홀해진 사람에게 보낸 노래
心ざしをろかにみえける人につかはしける

안 기다리던 싫증 내는 가을은 찾아왔지만 좋을 때의
마음은 멀어져만 가누나

(나카키의 딸, * 841)

またざりし秋はきぬれどみし人の心はよそになりもゆくかな (なかきかむすめ, 841)

작품 해설

여기서는 가을을 뜻하는 '아키(秋, あき)'와 싫증을 뜻하는 '아키(飽き)'를 가케코토바 용법으로 사용하고 있다. '이런 푸대접을 당하는 날이 오리라고는 생각도 못했는데 결국 그대의 사랑이 식어 이런 날이 온 것을 보니 한때 열정적인 사랑을 했던 그대의 마음이 저 멀리로 떠나가는 듯한 느낌이 드는군요'라는 내용의 노래다.

* **나카키의 딸**(中興女, 생몰년 미상)

다이라노 나카키(平中興)의 딸. 《야마토 모노가타리(大和物語)》에 따르면 아름답고 고귀한 성품을 가진 여성이었다고 전해진다. 그러했기에 부모가 왕에게 바치려 했지만, 그녀가 조조 법사(浄蔵法師)와 정을 통하는 바람에 포기했다고 한다. 《후찬와카집》에 3수, 《신칙찬 와카집(新勅撰和歌集)》에 1수의 노래가 실렸다.

답가

返し

그댈 그리는 내 마음의 길이는 긴 가을밤의 길이와

비교해도 길다는 걸 알아줘

(미나모토노 고레시게, * 842)

君をおもふ心ながさは秋の夜にいづれまさると空にしらなん (源是茂朝臣, 842)

작품 해설

상대방이 자신에 대해 싫증이 나서 안 오는 줄 알고 있었다는 내용의 노래에 대해, 나름대로의 변명을 읊은 내용이다. 자기도 상대방이 보고 싶어 매일 그리워하고 있는데 이 그리움을 길이로 비유한다면 길고 긴 가을밤의 밤의 길이보다도 더욱 길 것이라는 표현으로 상대방이 오해하지 말기를 부탁하며 보고 싶어도 가지 못하는 사람의 입장도 이해해 주기를 부탁하는 내용이다.

* **미나모토노 고레시게**(源是茂, 886~941)
고코 천황의 아들. 왕위 계승에서 탈락해 신하로서 미나모토라는 성을 받고, 권중납언(權中納言)까지 벼슬을 지냈다.

사랑 노래 4
恋四

여자에게 보내기를

女につかはしける

우리의 만남 저녁 아지랑이 속 살짝 보였던 꿈은
아니었을까 여운을 더듬었네

(작자 미상, 856)

かげろふのほのめきつればゆふぐれの夢かとのみぞ身をたどりつる(よみ人しらず, 856)

작품 해설

'유구레(夕暮れ)', 즉 해 질 녘은 낮과 밤이 공존하는 시간이다. 고대 일본의 남녀 관계는 저녁 무렵 남성이 여성의 거처에 찾아가 만남을 가지는 '가요이콘(通い婚)'의 형태를 취했다. 그로 인해 고대 일본인들은 유구레라는 시간대를 만남을 기대하게 하고 혹은 추억하게 만드는 설렘과 회한의 시간으로 인식했다. 임과의 짧았던 만남을 떠올리며, 유구레 시간, 실체 없이 흐릿한 아지랑이(かげろふ)와 같이 잠시 나타났다 사라지고 만 꿈은 아니었을까 기억을 더듬어 만남의 시간을 반추하고 있노라 노래했다. 결국

이는 임과의 만남이 현실 속의 시간이었다고 믿기지 않을 만큼 꿈결 같았다는 달콤한 고백의 노래다.

답가

返し

흐릿한 만남 정들어 버렸다는 그대 말씀을 듣고 보니
갑자기 돌아눕고 싶도다

(작자 미상, 857)

ほのみてもめなれにけりときくからにふしかへりこそしなまほしけれ(よみ人しらず, 857)

작품 해설

이 노래는 앞의 856번 노래의 답가다. 이를 증답가라 하는데 증답가의 뼈대는 《후찬와카집》을 전후해서 거의 완성되었다고 봐도 무방하다. 서로 쌍을 이루는 증답가에서 그 완성도를 좌우하는 것은 보낸 이보다는 답하는 이의 센스와 역량에 달려 있다. 이 노래는 지난 만남이 꿈결 같았다고 전한 남자의 노래에 대해, 그만큼 워낙 짧디짧은 만남이라 그리 기억이 흐릿해진 것이 아니냐는 여자의 원망이 한껏 실린 답가다. 화려하고 몽환적인 노래에 그리움을 실어 보낸 남자의 실상은 짧은 만남 뒤에 여자의 집을 뒤로하고 총총히 돌아가는 무심한 남정네의 그것이었으리라. 여자는 조금 당돌해 보이지만, 연애에 닳고 닳은 남성의 화려한 미사여구를 솔직하고 단도직입적인 노래로 받아쳐 버리고 있다. 이러한 당돌함은 다소 거칠고 와카적인 전통과는 다소 거리가 있는 것은 사실이지만, 한편으로는 가식적 관계를 거부하는 통쾌함이 느껴지는 노래다.

다유의 거처에 찾아갔더니 없기에, 돌아와서 다음 날 아침에 보내길

大輔がもとにまうできたりけるに、侍らざりければ、かへりて又のあしたにつかはしける

허무하게도 넘실대는 흰 파도 남긴 흔적에 임 찾는 이내 소매 눈물 마를 날 없네

(후지와라노 아사타다, * 884)

いたづらに立かへりにし白浪の名残に袖のひる時もなし (朝忠朝臣, 884)

작품 해설

'다치카에리(立かへり, 되돌아가다)'를 이용해 파도가 밀려와 돌아가는 자연의 섭리에 임을 보지 못하고 되돌아온 자신의 처지를 빗대어 노래했다. '나고리(なごり)'는 '나미노코리(波残り)', 즉 썰물이 빠져나간 뒤에도 바다로 돌아가지 못하고 해변에 고여 있는 바닷물에서 유래한 말로 여기서는 아쉬움에 흘린 작중 인물의 눈물을 비유했다. 파도와 관련된 단어들, 즉 '나고리(なごり, 아쉬움/ 돌아가지 못하고 남은 바닷물)', '히루(ひる, 눈물이 마르다/ 썰물

이 빠져나가다)', '다치카에리(たちかへり, 내가/ 파도가 되돌아가다)' 들이 유기적으로 작품 속에 배치되어 있는 것을 알 수 있다. 이런 수법을 엔고(縁語)라고 하는데, 동음이의어의 노랫말들을 통해 노래 안에서 서로 관련 없어 보이던 단어들이 그 속에 숨겨진 이면의 뜻에 의해 서로 이어지게 된다. 그로 인해 노래의 문맥이 더욱 끈끈하고 자연스러워지는 효과를 가져온다.

* **후지와라노 아사타다**(藤原朝忠, 910~966)
쓰치미카도 중납언(土御門中納言)이라고도 불렸다. 다이고 천황(醍醐天皇)을 비롯해 그 아들 스자쿠(朱雀), 무라카미(村上) 천황까지 삼대에 걸쳐 조정에 중용될 만큼 신임이 두터웠다. 《야마토 모노가타리》와 《후찬와카집》 등의 가집에서 다채로운 여성들과의 사랑 노래를 주고받았다고 한다. 뛰어난 노래 실력으로 후대 36가선(三十六歌仙) 중 한 사람으로 받들어졌다.

답하기를

返し

무엇 때문에 소매가 젖는 걸까 흔적도 없이 새하얀
파도처럼 사라지는 그대 맘

(다유, * 885)

なにゝかは袖のぬるらん白波のなごりありげもみえぬ心を (大輔, 885)

작품 해설

사랑의 증답가에서는 상대방의 무심함을 비난하면서도 기분을 상하지 않게 하는 것, 그로 인해 다시금 남성의 애정의 불씨를 더욱 타오르게 하는 것이 중요한 덕목 중 하나였다. 바로 전의 857번 노래와 달리 다유의 노래는 답가를 할 때 여성이 취해야 하는 요령을 잘 파악하고 있다. 아사타다가 보내온 노래의 핵심 표현, '시라나미노 나고리(白波のなこり, 하얀 파도가 남긴 흔적)'를 자신의 노래에서 받고, 나를 만나지 못한 미련에 눈물 흘렸다면서도 이내 다시 자신을 찾아오지 않는 남성의 무심함을 꼬집고 있다.

* 다유(大輔, 생몰년 미상)

다이고 천황(醍醐天皇)의 요절한 아들인 야스아키라노 미코(保明皇子)을 돌봤던 유모의 딸. 《후찬와카집》에 수록된 여성 가인 중에서는 이세(伊勢)에 이어서 두 번째로 많은 16수의 노래가 실렸다. 궁궐에서는 야스아키라노 미코의 어머니인 후지와라노 온시(藤原穏子)를 모신 여방(女房)이었다. 사네요리(実頼), 모로스케(師輔), 아쓰타다(敦忠), 아사타다(朝忠), 아쓰토시(敦敏), 미치카제(道風) 등 많은 귀족 가인들과 사랑 노래를 주고받는 등 당시 궁궐 안에서의 인기가 대단했다고 전해지고 있다.

사랑 노래 5

恋五

여자의 거처에 찾아간 밤, 문을 걸어 잠그고 열지 않기에, 돌아와서 다음 날 아침에 보내길

女のもとにまかりたりけるよ、門をさしてあけざりければまかりかへりてあしたにつかはしける

깊은 가을밤 굳게 닫힌 사립문 야속하도다 동이 터도 그 문이 열리지 않았기에

(후지와라노 가네스케, 899)

秋の夜の草の戸ざしの侘しきはあくれどあけぬ物にぞありける (兼輔朝臣, 899)

작품 해설

제4구의 표현은 이 노래의 백미로 '날이 밝다'의 일본어 '아쿠(明く)'와 '문이 열리다'의 일본어 '아쿠(開く)'가 동음인 것을 이용한 표현이다. 밤이 새도록 여성의 집 앞에서 문이 열리기만을 기다렸던 자신의 절실한 마음을 호소하면서도 끝내 문을 열지 않은 여성의 무정함에 대한 원망도 담아내고 있다.

답가

返し

그 말 들으니 더욱더 괴롭다오 가는 가을밤 사립문
닫혔다고 돌아가시다니요

(작자 미상, 900)

いふからにつらさぞまさる秋のよの草の戸ざしにさはるべしやは (よみ人しらず, 900)

작품 해설

남성은 풀을 엮어 만든 사립문이 열리지 않아 발걸음을 돌렸던 지난밤의 아쉬움을 노래했고, 여성은 그 노래를 받아 고작 풀로 만든 허술한 문일 뿐이라고 했다. 아무것도 하지 않고 그저 문 앞만 서성이다 가 버린 남성의 소극적인 자세를 반어법을 이용해 꼬집은 것이다. 상대방의 노랫말 '구사노토자시(草の戸ざし)'를 자신의 노래 속에 받아들여 자신의 입장에서 새롭게 해석해 낸 것이다. 의표를 찌르는 여성의 기지가 돋보이는 노래로, 사랑 노래에서 답가를 하는 것이 무엇인지 보여 주는 좋은 예라 할 수 있다.

남자가 병을 앓아 한동안 찾아 가지 못해 노래를 보내기를

男のやまひにわづらひてまからで、ひさしくありてつかはしける

지금까지도 사라지지도 않은 이슬 같은 나 그대와 같이 지낼 거처가 있었기에

(작자 미상, 922)

今までも消でありつる露の身はをくべきやどのあれば成けり (よみ人しらず, 922)

작품 해설

남자는 한동안 여자의 거처를 찾지 못했던 것을 구차하게 설명하지 않았다. 아침 햇살에 덧없이 사라지고 마는 이슬같이 위태했지만 끝내 병을 이겨 낼 수 있었다고 전하고 있다. 그리고 그 이유가 그대를 다시 보고 싶은 마음 때문이었음을 노래했다.

답가

返し

당신의 언약 서리 맞은 잎처럼 시들어 가네 그대가
찾아와도 맞을 수 없을 테니

(작자 미상, 923)

言のはもみな霜がれに成りゆくはつゆのやどりもあらじとぞ思ふ (よみ人しらず, 923)

작품 해설

여자는 '말, 언약'이라는 뜻의 '고토노하(言の葉)'에 '잎새(葉)'라는 뜻이 포함되어 있는 것을 활용해, 그 언약이 서리를 맞아 시들었기 때문에 이곳엔 당신이 머물 곳이 없다며 차가운 태도를 취하고 있다. 여자는 그동안의 쓸쓸함과 서운함에 차갑게 대하지만 결코 남자를 밀어내려고 하는 것은 아니다. 그동안 남자가 소원했던 이유를 알면서도 홀로 지낸 외로움이 그만큼 컸음을 전하려 하는 것이리라. 증답가는 쌍을 이루었을 때, 하나의 완전한 작품으로서의 의미를 갖는다. 마치 보낸 이의 노래에서 말꼬리를

잡고 늘어지는 것처럼 보일 수도 있다. 하지만 보낸 이의 노래 속 표현을 새로운 시각으로 해석해 답하는 것은 여자가 자신의 교양과 매력을 남성에게 어필할 수 있는 중요한 수단이었다. 주고받는 노래를 통해 남녀 관계는 마치 시소 놀이처럼 길항하고 더 친밀해지는 것이다.

여자의 거처에 보내기를

女のもとにつかはしける

막을 수 없어 마음속에 쌓아 둔 강 같은 눈물 내가 건널 수 있게 얕은 곳 알려 주오

(작자 미상, 946)

せきもあへず淵にぞまどふ涙川わたるてふせをしるよしもがな (よみ人しらず, 946)

작품 해설

이 노래 속 나미다가와(涙川, 눈물의 강)는 실제로 존재하는 강이 아니다. 사랑으로 인해 흘린 눈물이 강을 이룰 만큼 많았다고 과장한 표현이다. 거기에 더해 작중인물은 자신의 슬픔의 깊이를 비유하기 위해, 그 눈물의 강이 흐르는 곳 여기저기에 눈물로 인해 깊은 못이 패였다고 한다. 임을 찾아가고 싶지만 그 눈물의 강과 그곳에 생긴 그 못에 행여 빠질까 어쩔 줄 모르겠음을 노래했다. 눈물의 강과 깊은 못은 여성을 사모하는 마음과 그로 인한 그리움의 비유인 동시에, 그럼에도 불구하고 여성을 찾아가지 못하는 처지에 대한 변명이기도 하다.

답가

返し

물이 깊어서 그대 못 건너시길 눈물의 강도 애써
찾아보면은 얕은 곳 있을까 봐

(작자 미상, 947)

淵ながら人かよはさじ涙川わたらばあさきせもこそは見れ (よみ人しらず, 947)

작품 해설

남성의 사랑의 눈물이 깊은 못이 되어 눈물의 강을 건너올 수 없다면, 지금 그대로의 마음으로 있어 달라 노래했다. 만약 남성의 말대로 눈물이 흘러 이룬 눈물의 강, 그 속 얕은 물살을 찾아 건너올 수 있다면 남성의 마음 어딘가에 애정이 얕은 곳이 있다는 것이므로 그것을 보게 되는 것이 싫다고 답하고 있다. 남성의 변명을 역으로 취해, 남성의 얕은 애정을 비꼬고 있다.

오랫동안 구애의 마음을 전했지만, 여전히 쌀쌀맞게 대하기에

ひさしくいひわたり侍りけるに、つれなくのみ侍りければ

그대 믿으며 일 년을 기다려도 오지 않는 임 그래도
기다리는 내 마음 그대 알까?

(아리와라노 나리히라, 967)

たのめつゝあはで年ふるいつはりにこりぬ心を人はしらなむ (業平朝臣, 967)

작품 해설

언젠가 꼭 만나자던 임의 약속에 의지해 또 한 해가 지나고, 그 약속이 거짓말이라는 것을 알면서도 마음속 한구석의 기대 때문에 쉽사리 포기하지 못하는 마음을 노래했다. 그리고 이런 자신의 순정을 임이 알아주길 바라는 마음을 전하고 있다. 이 노래는 아리와라노 나리히라가 노래한 것으로 되어 있다. 하지만 나리히라는 968의 답가를 보낸 이세보다 약 50년 정도 전 세대의 인물로 현실적으로는 이 노래를 나리히라의 작품으로 보기 어렵다. 이는 실

제로 이세와 로맨스가 있었던 후지와라노 나카히라(藤原仲平)의 이름을 잘못 표기한 것일 가능성이 크다. 또한 이 노래는 《고금와카집》 614번에 동일한 노래가 오시코치노 미쓰네(凡河内躬恒)의 작품으로 수록되어 있다. 이 역시 나카히라가 미쓰네의 노래를 표절해 이세에게 보냈거나 후대의 누군가가 나카히라와 이세가 나눴던 증답가로 꾸며 낸 것일 가능성이 있다.

답가

返し

풀벌레처럼 불 속을 주저하는 당신의 마음 그 누가 그대 순정 불쌍하다 하리오

(이세, 968)

夏むしのしるしる迷ふおもひをばこりぬかなしと誰かみざらん (伊勢, 968)

작품 해설

여름 풀벌레가 불인 줄 잘 알기에 그 위를 날아만 다닐 뿐 불 속으로 뛰어들지 않듯이, 행여 사랑의 불꽃에 타 버릴까 다가오길 주저하면서도 말만 앞세우는 남성의 태도를 비꼬고 있다. '오모이(おもひ : 표기상으로는 '오모히'지만, 실제 발음은 '오모이')'의 '히(ひ)'에 불을 뜻하는 '히(火)'의 뜻을 이어 놓는 가케코토바의 수법을 사용했다. 이를 통해 불 속으로 뛰어들지 않는 여름 풀벌레를 사랑의 불이 두려워 다가오지 않는 남성으로 비유했다. 작가 이세(伊勢)는 남성의 마음을 그의 노래처럼 바보같이 다시

속아도 포기하지 않는 순수한 사랑이라고 누가 보지 않겠느냐며, 즉 누구도 그렇게 생각하지 않을 것이라는 것을 반어법을 통해 우회적으로 비판하고 있다.

제목 미상

題知らず

나의 사랑이 끝났음에도 이리 괴로운 것은 만나지 못해 내쉰 한숨 때문인가 봐

(작자 미상, 987)

わがこひのきゆるまもなくくるしきはあはぬ嘆やもえわたるらん (よみ人しらず, 987)

작품 해설

헤어진 지 얼마 되지 않았지만, 어느새 보고 싶고 만나고 싶어 한숨 쉬는 사랑의 마음을 전하고 있다. 사랑이라는 뜻의 '고히[20]'의 '히(ひ)'에 불을 뜻하는 '히(火)'를, 한숨을 뜻하는 '나게키(嘆き)'의 '기(き)'에 나무를 의미하는 '기(木)'를 겹쳐 놓았다.

바로 직전 노래에서도 쓰였던 수법인 가케코토바를 이용했다. 가케코토바는 표면적인 노래의 메시지 이외에 이면

20) 고히(恋) : 표기상으로는 '고히'지만, 실제 발음은 '고이'.

에 동음이의어를 통한 다른 의미를 숨겨 놓는 수법이다. 그를 통해 임과 헤어져 돌아온 마음을 꺼진 뒤 얼마 되지 않는 불에, 그리움에 내뱉는 한숨을 다시금 사랑의 불에 타들어 가는 나무로 비유했다. 또한 노래의 앞부분과 뒤에 '기유루(きゆる, 꺼지다, 사라지다)'와 '모에루(もえる, 타다)'를 대비해 아쉬움과 그리운 감정의 낙차를 더욱 도드라지게 하는 효과를 노렸다.

답가

返し

꺼지지 않고 불타는 그대 사랑 내가 알기에 멀리서나마 홀로 애타우고 있다네

(작자 미상, 990)

きえずのみもゆる思ひは遠けれど身もこがれぬる物にぞ有りける (よみ人しらず, 990)

작품 해설

가케코토바를 써서 열렬한 사랑을 전해 온 남성의 노래를 첫 번째, 두 번째 구에 함축했다. 그를 바탕으로 남성이 보내온 노래와 마찬가지로 가케코토바를 사용해 자신 마음 역시도 애태우고 있음을 전하고 있다. '오모이(思ひ)'의 '히(ひ)'에 불을 뜻하는 히(火)를 겹쳐 놓고, 그 불길에 '고가루(こがる)', 즉 자신의 마음도 새까맣게 타들어 가고 있다고 화답한 것이다.

사랑 노래 6

恋六

여자의 거처에 보내길

女のもとにつかはしける

그리우면서 원망스러운 그대 평생 동안을 모른 척하다니 정말 무정하구려

(작자 미상, 997)

うらむれどこふれど君がよとともにしらず顔にてつれなかるらん (よみ人しらず, 997)

작품 해설

울고불고 애타는 자신의 마음에 비해 사갑기 만한 여성의 태도에 원망의 감정을 실어 노래했다. '기미가요토토모니(君がよとともに)'라는 구에서 '기미가요(君がよ)'는 당신의 일생, '요토토모니(よとともに)'는 끊임없이 내내라는 뜻으로 이 둘을 합쳐 놓은 표현이다.

답가

返し

그리워하며 날 원망하는 그댈 어찌 알리오 하늘보다 더 멀리 계신 그대이기에

(작자 미상, 998)

怨むともこふともいかが雲井よりはるけき人を空にしるべき (よみ人しらず, 998)

작품 해설

자신의 차가운 태도를 하늘보다 더 높은 고귀한 남성에 비춰 자신의 초라한 모습 때문이었다고 변명하고 있다. '구모이(雲井)'는 구름이 있는 곳, 때로는 궁중의 의미로 해석된다. 이 노래에서는 작자 미상이기 때문에 정확한 사정은 알 수 없지만, 남성과 여성의 신분적 차이가 서로의 마음을 가로막는 거리로 작용하고 있음을 노래했다.

연정을 품고 있던 여성의 거처에 보내기를

思ひかけたる女のもとに

후지산처럼 타오르는 사랑을 흘려들었네 지금 나의 마음은 사랑으로 불타네

(후지와라노 아사요리,＊ 1014)

ふじのねをよそにぞききし今は我がおもひにもゆる煙なりけり (あさよりの朝臣, 1014)

작품 해설

현재의 후지산은 휴화산이지만, 노래가 읊어진 시대에는 정상에서 연기가 피어오르는 활화산이었다. 그동안 아무렇지도 않게 느껴졌던 풍경들이 사랑에 빠지고 난 후부터 자신의 마음을 대변하는 듯이 느껴지는 마음의 원리에 착안해 노래했다. 앞선 노래에서와 마찬가지로 가케코토바를 이용해, '오모이(思ひ, おもひ)'에 '불(火, ひ)'을 중첩하고, 불의 엔고(縁語)인 '게부리(けぶり, 연기)'와 묶어 주었다. 후지산의 봉우리에서 피어나는 연기를 사랑의 불 때문에 피어난 것으로 비유해 자신의 열렬한 사랑을 노래했다.

*** 후지와라노 아사요리**(藤原朝頼, **생몰년 미상**)

산조 우대신(三条右大臣) 사다카타(定方)의 아들이자 36가선(三十六歌仙) 중 하나인 아사타다(朝忠)의 이복형제. 《후찬와카집》의 아사요리의 증답가는 거의 동일한 형태로 아사타다의 개인 가집에 수록되어 있다[《아사타다집(朝忠集)》 59~60]. 아사요리가 아사타다의 노래를 자신의 노래인 것처럼 꾸며 칙찬집에 수록했거나 아사타다가 아사요리의 노래를 자신의 개인 가집에 실어 주었을 가능성도 있지만, 정확한 사정은 알려져 있지 않다.

답가

返し

효험도 없는 사랑인 줄 알았네 후지산 연길 하찮은
변명으로 나는 알고 있었네

(작자 미상, 1015)

しるしなき思ひとぞきくふじのねのかごとばかりの煙なるらん (よみ人しらず, 1015)

작품 해설

아사요리의 노래 중에서 '오모이(思ひ, おもひ)'와 '게부리(けぶり, 연기)'를 자신의 노래에 받아서 답가를 보냈다. 아사요리가 그동안의 무관심하던 태도를 바꿔 보낸 열렬한 사랑의 노래는 여성에게는 그저 그동안의 무관심에 대한 변명에 불과할 뿐 진심이 느껴지지 않았다. 이처럼 여성은 노래를 통해 상대방의 구애를 거절하는 듯 보인다. 하지만 상대의 구애를 거절하려면 답가를 보내지 않으면 그만이다. 사실 여성의 거절 안에는 남성의 사랑에 쉽게 믿음을 줄 수 없기에 더욱더 깊고 뜨거운 마음을 요구하고 싶은 심리가 녹아 있다.

여자는 남자가 탐탁지 않아 마음을 받아 주지 않았지만, 그래도 역시 남자가 자신을 어떻게 생각하고 있는지 궁금해 노래를 보내기를

女の男をいとひて、さすがにいかがおぼえけん、いへりける

그대와 나는 만나지 못한 채로 울부짖으며 저 하늘
구름처럼 서로 멀어져 가네

(작자 미상, 1025)

ちはやぶる神にもあらぬわがなかの雲井遥に成りもゆくかな (よみ人しらず, 1025)

작품 해설

증답가 중에서는 특이하게 남자를 거부하는 여성의 심리를 노래했다. 남자는 끈질긴 구애에도 응답이 없자 결국 지쳐 발걸음이 뜸해졌고, 그러자 오히려 새삼스레 관심을 기울이게 되는 여심의 변덕스러움이 노래에 드러나 있다. 멀어져 가는 천둥소리를 남자의 울음소리, 그리고 시들어 가는 남자의 애정에 비유했다. '치와야부루[21]'는 '가미[神, 여기에서는 천둥인 가미나리(雷)의 뜻]' 앞에 오는 마쿠라

고토바(枕詞)다. 와카에서 마쿠라고토바는 단독으로는 의미를 가지지 않지만, 특정 단어들과 조합되어 그 단어의 등장을 예감하게 해 노래 전체의 느낌을 조율하는 역할을 한다. 마지막 구의 '나리(なり)'는 '되다(成り)'라는 뜻에 '울다(鳴り)'라는 뜻을 겹쳐 놓은 가케코토바로 '가미', 즉 천둥을 그와 관련된 울다와 엔고(縁語)로 묶어 주는 역할을 하고 있다.

21) 치와야부루 : 표기는 '치하야부루'로 하지만, 발음은 '치와야부루'.

답가

返し

그댄 어찌해 우리 사일 천둥에 빗대시나요 구름 속 사람인 양 저를 멀리하면서

(작자 미상, 1026)

千早振神にも何にたとふらんおのれくもゐに人をなしつつ (よみ人しらず, 1026)

작품 해설

마지막 표현 '쓰쓰(つつ, 계속의 의미. ~면서)'를 통해 이유와 원인을 도치함으로써 소원하게 대하던 여자의 바뀐 태도에 남자가 느낀 당혹감과 원망을 담았다.

여자의 거처에 보내기를

女のもとにつかはしける

나의 사랑이 소메가와강처럼 시작된다면 만날수록
강물이 멎지 않고 늘겠죠

(후지와라노 사네타다, * 1046)

つくしなる思ひそめ河わたりなば水やまさらんよどむ時なく (藤原さねただ, 1046)

작품 해설

쓰쿠시(筑紫)와 소메가와(染川)강은 모두 지금 후구오기(福岡) 지역의 우타마쿠라[22]다. 소메가와강의 '소메'는 '어떤 일을 시작하다(初め)'라는 뜻, 혹은 '물들이다, 염색하다(染め)'라는 의미를 중첩해 자주 활용하는 가어다. 남자는 소메가와강에서 시작한다는 의미의 가케고토바를 활용해, 여성과의 사랑이 시작되는 것을 강을 건너는 것에 비유하고 '미즈(みづ, 물)'에 '미쓰(見つ, 만나다)'를 중첩

22) 우타마쿠라(歌枕) : 와카에서 자주 노래되는 명소.

해 물이 늘어나는 것처럼 둘 사이의 만남이 정체되지 않을 것임을 노래했다. 시적 은유, 수사 등 여러 면에서 뛰어난 노래다.

*** 후지와라노 사네타다**(藤原真忠, **생몰년 미상**)
스자쿠(朱雀) 천황 재위 시에 우대신이었던 쓰네스케(恒佐)의 넷째 아들. 944년에 우소장(右少将)으로 관직에 오른 후 좌마두(左馬頭)에서 멈췄다.

답가

返し

이 강 건너면 바람을 피운다는 소메가와강 그대가
건넌다니 나는 애간장 타네

(작자 미상, 1047)

渡りてはあだになるてふ染河の心づくしになりもこそすれ (よみ人しらず, 1047)

자품 해설

남자의 노래에서 '연모하기 시작하다'라는 뜻으로 쓰인 '소메(初め)'를, 여자는 '색에 물들다(染め)', 즉 '이성에 끌리다'라는 뜻으로 써서 응수했다. 여기에서 '이로(色)'는 색깔이라는 뜻 이외에, 다른 누군가에게 끌리는 감정을 의미한다. 이는 물들인다는 이름의 소메가와강을 건너기 때문에 어쩔 수 없이 그 색에 물들 수밖에 없을 것이라 노래한 《이세 모노가타리》의 "물든인다는 소메가와강 건너 어느 누구라도 물들지 않는 사람 혹시 있겠습니까?(染川を渡らん人のいかでかは色になるてふことのなから

ん)"(61단)에 근거한 발상이다. 소메가와강을 건너려는 남자를 향해 혹시 《이세 모노가타리》의 노래처럼 소메가와강을 건너게 되면 다른 누군가에게 물들어 마음이 변하지는 않을까 그래서 내 마음은 '고코로즈쿠시(心づくし)', 즉 애태우게 되지는 않을까 근심하는 마음을 전했다. 《이세 모노가타리》의 세계를 바탕으로 남자의 노래에서 '소메'와 '즈쿠시'를 취해 남성이 보낸 사랑의 노래에 기뻐하면서도 행여 그 사랑이 깨질까 두려워하는 여성의 심리를 섬세하게 묘사했다. 가케코토바, 혼카도리[23] 등의 시적 기교뿐 아니라, 상대방의 노래 속 가어들을 이용해 신선한 시각으로 재해석해 낸 여자의 놀라운 시적 재능이 엿보이는 수작이다.

23) 혼카도리(本歌取り) : 와카를 읊을 때, 뛰어난 옛 노래의 시구나 발상, 취향 등을 의식적으로 새 노래에 담아냄으로써 복잡하고 여운이 느껴지는 노래를 짓는 수법.

마음을 나누고 있던 여자가 입궐하게 되어 더 이상 만나기 어려워지자, 눈이 오는 날 보낸 노래

心ざし侍る女みやづかへし侍りければ、あふことかたくて侍りけるに、ゆきのふるにつかはしける

사랑의 열정 그대 있는 주변에 함께 있다면 내리는 흰
눈마저 공중에서 녹으리

(작자 미상, 1072)

わがこひし君があたりをはなれねばふる白雪も空にきゆらん (よみ人しらず, 1072)

작품 해설

사랑을 뜻하는 '고이(こひ)'의 '히'에 불을 의미하는 '히(火)'를 겹쳐 놓았다. 그를 통해 자신의 사랑의 불꽃이 궁궐에 있는 임의 곁에 언제나 함께하기에 하늘에서 내리는 저 눈도 땅에 닿기 전에 녹아내리리라 노래하고 있다. 활활 타오르고 있는 불꽃이 차가운 눈발에도 꺼지지 않듯이, 남자의 불꽃은 시간이 흘러도 변치 않겠다는 사랑의 맹세인 것이다.

답가

返し

산이 깊어서 눈마저 녹지 않아 외로운 것은 그댈
기다리다가 세월 흘러서라오

(작자 미상, 1073)

山がくれきえせぬ雪のわびしきは君まつのはにかかりてぞふる (よみ人しらず, 1073)

작품 해설

소나무라는 뜻의 '마쓰(松)'에 여전히 기다리고 있음을 의미하는 '마쓰(待つ)'를 가케코토바로 겹쳐 놓았다. 또한 남성의 노래에서 '내리다'라는 뜻의 '후루(降る)'에 '세월을 보내다'라는 동음의 '후루(経る)'를 감춰 두어, 궁궐에서도 임과의 기약 없는 만남을 하염없이 기다리고 있는 여성 자신의 쓸쓸한 마음을 전하려고 했다. 노래 전반에 풍부한 가케코토바를 활용한 점이 눈에 띈다. 여자의 입궐 이후 공공연히 지속할 수 없는 사랑이기에, 암호와도 같은 노래를 통해 서로의 마음을 확인해야 했던 것이리라. 두 남녀의 절실한 사랑이 애틋하게 느껴지는 노래다.

잡가 1

雜一

오사카의 관문에 암실을 짓고 살게 되었는데, 그곳을 지나는 사람들을 보고

逢坂の関に庵室をつくりてすみ侍りけるに、ゆきかふ人を見て

여기로구나 길 떠나는 사람도 오는 사람도 아는 이 모르는 이 만나는 오사카 관문

(세미마루, * 1089)

これやこのゆくも帰るも別れつつしるもしらぬもあふさかの関 (蝉丸, 1089)

작품 해설

오사카는 당시의 수도였던 교토(京都)와 동북 지방을 연결하는 중요한 관문이 있던 곳이었다. 특히 사람들의 왕래가 빈번했던 곳으로 세미마루의 노래는 이곳 오사카의 관문을 통해 수많은 사람들이 만나고 이별하는 풍경을 담은 것이다. '떠나다(行く)'와 '돌아오다(帰る)', '알다(知る)'와 '모르다(知らぬ)', '헤어지다(別る)'와 '만나다(あふ)' 등 각각 대칭을 이루는 가어들을 구사했다는 점이 흥미롭다. 후세에 불교의 회자정리 사상을 이 노래에 대입

해 만남과 헤어짐을 노래한 것이라 해석하기도 했지만, 고토바가키에서도 알 수 있듯이 수행을 위해 암자를 지은 곳이 마침 만남과 헤어짐이 잦은 오사카의 관문이었다는 수도자의 아이러니한 상황을 재미있게 표현한 것이라 보는 편이 본 노래의 의미에 충실하리라 생각된다.

* **세미마루**(蟬丸, **생몰년 미상**)
자세한 인물 정보가 알려지지 않았다. 단, 히토마루(人丸), 사루마루(猿丸)와 비슷한 설화적인 이름을 가지고 있다는 것과, 위 노래에서 알 수 있듯이 오사카 근처에 은거하던 수행자였을 것이라는 것만 추측할 수 있다.

소금이 부족한 해에, 다다미라도 섞으라고 하시기에

しほなき年、ただみあへてと侍りければ

굳이 소금이 없더라도 괴로운 이 세상인데 어째서 넣는 것이 다다미란 말인가요?

(미부노 다다미, * 1095)

しほといへばなくてもからき世の中にいかであへたるただみなるらん (ただみ, 1095)

작품 해설

이 노래는 작가 나나비가 이주지소(御厨子所, 아침저녁으로 궁궐의 식사, 명절 때 쓰는 술과 음식을 담당했던 부서)의 관리였던 시절의 노래다. 다다미는 여뀌라는 식물의 잎을 짜서 낸 액체로 고대부터 맵고 짠 맛을 내는 향신료로 쓰였고, 이를 된장국에 넣어 맛을 낸 것을 다다미지루라고 한다. 그해 소금 가뭄이 들자, 궁궐의 누군가가 작가 다다미와 다다미가 동음이라는 것을 이용해 작가와 이름이 같은 다다미라도 넣으라는 농을 하자, 다다미 역시 이에 재치 있게 응수했다. 소금이 짜다는 뜻의 '가라시(辛

し)'가 '괴롭다'라는 뜻으로도 쓰이는 것을 이용해, 소금 없이도 괴로운 이 세상인데 그보다 더 맵고 짠 다다미를 어째서 섞느냐고 반문했다. 그리고 그 '다다미(蓼水)'에 자신의 이름 '다다미(忠見)'를, '이 세상'이라는 의미의 '요노나카(世の中)'에 '당신과의 사이'를, '맛을 섞다'라는 '아에(合え)'에 '참고 견디다'의 '아에(敢え)'를 가케코토바를 이용해 겹쳐 놓았다. 즉, 다다미(蓼水)가 이렇게 맵고 짠 것은 괴로운 당신과의 관계를 나 다다미(忠見)가 이토록 견뎌왔기 때문이라는 뜻을 숨겨 놓았다. 다소 가벼운 느낌이지만 상대방의 장난을 가케코토바 수법으로 응수한 작가의 재치가 돋보이는 노래다.

*** 미부노 다다미**(壬生忠見, **생몰년 미상**)
미부노 다타미네의 아들. 36가선(三十六歌仙) 중 한 사람. 노래에 자신의 이름을 넣는 등, 유머러스한 그의 성격을 짐작해 볼 수 있다. 다이라노 가네모리(平兼盛)와의 노래 대결을 둘러싼 설화가 유명하고 그때의 노래 "아무도 몰래 은밀하게 시작된 이내 사랑이 어찌 이리 빠르게 알려졌단 말인가(恋すてふわが名はまだき立ちにけり人しれずこそ思ひそめしか)"는《백인일수(百人一首)》에도 수록되었다.

교고쿠 미야슨도코로(京極御息所)께서 비구니가 되어, 불계를 받기 위해 닌나사(仁和寺)에 건너가 계시기에

京極のみやす所あまになりて、戒うけんとて仁和寺にわたりて侍ければ

외로이 홀로 고향을 그리면서 보낸 세월들 황폐한 그 모습을 어찌 보란 말인가

(아쓰미노 미코, * 1119)

独のみながめて年をふるさとのあれたるさまをいかにみるらん (あつみのみこ, 1119)

작품 해설

교고쿠 미야슨도코로[24]는 우다 상황(宇多上皇)의 비, 호시 * (褒子)다. 그녀가 출가해 닌나사(仁和寺)에서 부처의 계율를 받는다는 소식을 듣고 이를 안타깝게 여긴 아쓰미노 미코(敦実皇子)가 보낸 노래다. 그녀가 홀로 쓸쓸히 지내고 있음을 후루사토의 '후루(ふる)'에 '세월이 흐르다, 늙

24) 미야슨도코로 : 일반적으로 왕자나 공주를 출산하거나 임금의 특별한 총애를 받는 비나 후궁에게 붙이는 경칭.

어 가다'의 '후루(経る)'를 연결해 중의적으로 표현했다. 당시 귀족들은 노년에 죽음을 앞두고 출가해 내세를 기약하는 것이 일반적이었다. 미야슨도코로 호시가 떠나고 없는 고향이 황폐해졌다는 표현은 얼마 남지 않은 호시의 삶에 대한 연민과 슬픔으로 남은 사람들의 마음이 공허해졌음을 나타내는 은유다.

* **아쓰미노 미코**(敦実皇子, 893～967)

로쿠조 식부경 마마(六条式部卿宮), 혹은 닌나지 마마(仁和寺宮)라고도 불렸다. 우다 천황(宇多天皇)의 여덟째 아들이다. 각종 예능 부문에 탁월한 재능을 보였다.

* **교고쿠 미야슨도코로 호시**(京極御息所 褒子, **생몰년 미상**)

우다 천황의 퇴위 후에 간택되어 총애를 받았다. 우다 천황과는 부녀지간 정도의 나이차가 있었다. 슬하에 마사아키라(雅明), 유키아키라(行明)를 두었다.

남편이 숨겨 놓았던 다른 여자에게 받은 편지를 읽고 본처가 쓴 편지

おとこの、女のふみをかくしけるをみて、もとのめのかきつけ侍ける

멀어져 버린 그대의 마음속에 놓인 부교를 위험을
무릅쓰고 밟아 보고 말았네

(시조 미야슨도코로 온나, * 1122)

へだてつる人の心のうきはしをあやうきまでもふみ見つるかな(四条御息所女, 1122)

작품 해설

남편의 숨겨 놓은 편지를 발견하고 다른 여자에게 마음을 빼앗겨 자신에게 소원해져 버렸음을 알게 된 후에 읊은 노래다. 우키하시(浮橋)는 강에 작은 배들을 띄워 그 위를 판자로 연결한 다리이기 때문에 발 디딜 곳이 불안정하다는 특징이 있다. 이러한 우키하시 중에 '다리'라는 뜻의 '하시(橋)'에 '사람의 면모, 일단'을 나타내는 '하시(端)'를 가케코토바로 연결하고 '발로 밟다'라는 의미의 '후미(踏み)' 역시 편지를 나타내는 '후미(文)'에 이어 놓았다. 우키하시

를 위태위태하게 걷듯이, 위험한 줄 알면서도 남편이 다른 여자에게 받은 편지를 통해 남편의 숨겨 둔 속마음을 확인하고 만 아내의 괴로운 심정이 드러나 있다.

＊시조 미야슨도코로 온나(四条御息所女)
당시 시조 미야슨도코로로 불렸던 사람으로는 좌대신(左大臣) 사네요리(実頼)의 딸이자, 무라카미(村上) 천황의 중궁, 줏시(述子)가 있지만 947년 15세의 나이로 사망했기 때문에 시대적으로 맞지 않는다. 따라서 실제 이 노래의 작자, 시조 미야슨도코로 온나가 누구인지에 대해서는 아직 알려진 바가 없다.

잡가 2
雜二

다이고(醍醐) 천황의 치세, 말을 보내시어 빨리 입궐하라는 명령을 내리셨기에, 곧바로 알현하고 말씀을 받든 사람에게 보내기를

延喜御時、御むまをつかはして、はやくまゐるべきよしおほせつかはしたりければ、すなはちまゐりて、おほせごとうけたまはれる人につかはしける

큰 보름달이 나무 사이로부터 늦게 나와서 밤길을
더듬으며 겨우 산을 넘었네

(소세이 법사, 1144)

もち月のこまよりをそくいでつればたどるたどるぞ山はこえつる (素性法師, 1144)

작품 해설

모치즈키(望月)는 현재 나가노 현(長野県) 고모로 시(小諸市) 인근으로, 당시 조정에 헌상하는 명마를 길러 내던 목장이 있던 곳이다. 그곳에서 헌상되었던 명마를 모치즈키노 코마(望月の駒)라 불렀다. 이 노래에서는 지명 모치즈키가 원래 보름달이라는 뜻으로도 쓰이는 점을 이용해, 모치즈키의 명마를 타고서도 보름달이 늦게 뜨는 바람에 나

무들에 가려져 캄캄한 산길을 넘느라 입궐이 늦을 수밖에 없었던 작중 주체의 곤란했던 상황을 노래했다. 말을 의미하는 '고마(駒)'에 나무 사이라는 뜻의 '고마(木間)'를 가케코토바로 겹쳐 놓는 등, 유희적 수사를 풍부하게 구사한 기지 넘치는 노래라 할 수 있다.

제목 미상

題しらず

보잘것없고 한숨만 나는 이 몸 요시노산의 높디높은 저 나무 어찌 벨 수 있겠소

(작자 미상, 1167)

かずならぬ身ををもににて吉野山高きなげきを思ひこりぬる (よみ人しらず, 1167)

작품 해설

자신보다 신분이 높은 여성에게 끈질기게 구애하는 남자의 심정과 이를 바라보는 여성의 마음을 담은 증답가다. 요시노산(吉野山)은 야마토(大和), 현재의 나라 현(奈良県) 남부에 위치한 산악 지대다. 첫 번째 노래에서는 요시노산과 그 산의 나무, '나게키(投げ木)'를 여성에 비유했다. 특히 '나게키'는 한숨이라는 '나게키(嘆き)', 그리고 '나무를 베다'라는 뜻의 '고리(樵り)'는 '진저리 나다'의 '고리(懲り)'와 가케코토바로 연결되어 있다. 요시노산과 같은 고귀한 여성에 비해 미천한 자신의 신분이 마음의 짐이 되

어 힘겹게 산에 올라 나무를 베어 보려 하려지만, 즉 구애를 해 보지만 그저 한숨만 날 뿐 더 이상 이 사랑을 계속할 수 있을지 모르겠다는 심정을 노래했다.

답가

返し

험한 요시노 오르기 어려울 줄 짐작했다오 그대 애타는 마음 그 한숨들 알기에

(작자 미상, 1168)

吉野山こえんことこそかたからめこらむなげきの数はしりなん (よみ人しらず, 1168)

작품 해설

여성은 마치 높은 산 정상에서 남성이 산을 힘겹게 오르는 것을 내려다보는 듯이 노래하고 있다. 남성의 가케코토바를 받아 나게키 나무를 베려고 한 횟수, 즉 힘겹게 구애를 시도했던 그 수고만큼은 자신도 잘 알고 있음을 전하고 있다. 신분 차를 극복해 사랑을 이루어 보려고 하는 남성의 발버둥을 바라보며, 내심 기뻐하면서도 퉁명스럽게 대하는 여성의 복잡한 심리가 재미있게 표현되어 있다.

예전에 같은 곳에서 궁궐 생활을 했던 여자가 남자를 따라 지방으로 내려가 있다는 소식을 듣고, 그녀가 풍류를 아는 사람이기에 노래를 보냈다

むかしおなじ所に宮づかへし侍りける女の、をとこにつきて人のくににおちゐたりけるをききつけて、心ありける人なればいひつかはしける

이리저리로 떠돌다가 인적이 드문 산골에 터 잡고 살
줄이야 그댄들 알았겠소

(작자 미상, 1172)

をちこちの人めまれなる山里に家ゐせんとは思ひきや君 (よみ人しらず, 1172)

작품 해설

이 노래는 고토바가키를 통해 같이 궁궐에서 생활하던 여성이 지방관인 남자를 만나 여기저기를 전전하다 지방 어느 곳에 정착했다는 소리를 듣게 되어 보낸 노래라는 것을 알 수 있다. 오랫동안 화려한 궁궐 생활을 경험했던 친구이기에, 낯선 지방 생활에 행여 힘들지는 않을까 하는 걱정과 동정의 마음이 드러나 있다. 당시 여성들은 사랑과

결혼, 어느 것에도 자결권을 갖지 못한 채, 철저하게 남성에게 종속된 삶을 살아야 했다. 그렇기 때문에 궁중 생활을 함께 보낸 친구이자, 같은 여성으로서 궁중을 떠나 누추한 시골 생활을 보내고 있을 친구의 마음을 누구보다도 잘 알기에 헤아려 보낸 노래다.

답가

返し

힘든 처지라 아는 사람 없는 곳 굳이 찾아온 구름 첩첩이 싸인 깊은 산골로 왔네

(작자 미상, 1173)

身をうしと人しれぬ世を尋ねこし雲のやへ立つ山にやはあらぬ(よみ人しらず, 1173)

작품 해설

이에 지방관의 아내인 여성은 지금의 삶이 전혀 의외가 아니라고 답가를 보낸다. 지금 이곳이 비록 화려한 궁궐 생활에 비할 바가 못 되는, 구름에 겹겹이 가려진 깊은 산속이지만, 자신의 처지가 괴로워 스스로 선택해 찾아든 곳이기에 그리 나쁘지만은 않다고 답하고 있다. 친구의 걱정에 자신의 처지를 비관하기보다는 애써 의연한 모습을 보이고 있는 것이리라. 당시 여성들의 삶에 대한 태도와 심리의 일면을 엿볼 수 있는 노래다.

엔기, 다이고 천황의 치세, 전하께 전해라도 달라는 생각에 당시 장인인 사람에게 보내기를

延喜御時、ときの蔵人のもとに、そうしもせよとおぼしくてつかはしける

꿈에서라도 전하를 섬길 수만 있다고 하면 괴로운
지금보다 나을 것 같소이다

(오시코치노 미쓰네, 1194)

夢にだにうれしとも見ばうつつにてわびしきよりは猶まさりなむ (みつね, 1194)

작품 해설

이 노래의 작가 미쓰네는 《고금와카집》의 편찬을 담당할 정도로 가인으로서의 능력은 인정받은 데 반해, 정치계에서는 큰 빛을 보지 못하고 지방관을 전전하는 처지였다. 이 노래는 자신의 답답한 처지를 장인(蔵人)를 통해서 다이고 천황에게 알리고자 지어 보낸 것으로, 소외되고 비참한 현실보다는, 행여 허무한 꿈속에서라도 전하의 은혜를 입고 싶다는 간절한 미쓰네 자신의 마음을 노래했다. 장인은 왕을 지근거리에서 보좌하는 비서관과 같은 관직으

로, 이 노래에서는 당시 다이고 천황의 외척으로 막강한 권력을 가지고 있었던 후지와라노 가네스케(藤原兼輔)였던 것으로 추정된다.

잡가 3
雜三

세자가 돌아가시고 얼마 되지 않았을 무렵, 고세치(五節)의 춤사위를 가르치는 사람에게 보내기를

前坊おはしまさずなりてのころ、五節の師のもとにつかはしける

차마 입 밖에 꺼내기도 괴로운 이야기지만 나는 홀로
그분께 버려진 것이런가

(다유, 1203)

うけれども悲しきものをひたぶるに我をや人の思ひすつらん (大輔, 1203)

삭품 해설

사키노보(前坊)는 돌아가신 세자, 야스아키라노 미코(保明皇子, 903~923)를 가리키는 말이다. 야스아키라노 미코는 다이고 천황(醍醐天皇)과 후지와라노 온시(藤原穏子) 사이에서 태어나, 태어난 이듬해 세자로 책봉되었지만 스물한 살의 나이로 요절하고 만다. 작가 다유(大輔)는 야스아키라의 유모의 딸로, 어린 시절부터 야스아키라와 함께 자란 사이였다. 야스아키라 역시도 다유를 몹시 아꼈기에 다유에게 세자의 죽음은 더욱 큰 충격으로 느껴졌

을 것이다. 노래에는 이런 그녀의 슬픔이 잘 드러나 있다. 음력 11월 한 해의 첫 수확을 왕이 직접 천지신명께 바치는 행사인 신조사이(新嘗祭)를 앞두고 돌아가신 세자를 행여 입에 올리는 것이 두렵지만, 화려한 궁중 행사를 앞두었기 때문에 더더욱 세자의 부재가 그녀에게 안타깝게 느껴진 것이다. 급기야 저세상으로 떠나 버린 세자에게 버려져, 이렇게 자신만이 홀로 이 세상에 남겨졌다는 생각에까지 이르러, 그녀는 고세치(五節)에서 무희들을 교육했던 것으로 보이는 지인에게 노래를 보내 홀로 남겨진 슬픔을 토로하고 있다. 고세치는 신조사이에서 베풀어지는 춤사위다.

답가

返し

괴롭고 슬픈 마음만은 너와 나 같을 터인데 어찌 한 사람만을 버릴 수 있으리오

(작자 미상, 1204)

悲しきもうきもしりにしひとつ名を誰をわくとか思ひすつべき (よみ人しらず, 1204)

작품 해설

이에 답가에서 세자를 떠나보낸 우리 둘 모두 슬프고 괴로울 걸 알면서, 왜 세자께서 당신만을 버리고 가셨다고 생각하느냐며, 세자께서는 절대 우리 둘을 버린 것이 아니라는 노래로 다유를 위로하고 있다.

제목 미상

題知らず

생각만 해도 떠오르는 임 모습 그 시간마저 우린
함께했다고 마음속 위로 삼네

(이세, 1208)

おも影をあひ見しかずになす時は心のみこそしづめられけれ (伊勢, 1208)

작품 해설

오모카게(面影)는 사무친 그리움과 걱정에 향기나 얼굴 등의 육체적 기억이 머릿속에서 형상화되어 나타나는 환영을 일컫는다. 신기루에 불과하지만 사랑하는 임의 환영, 즉 오모카게와의 만남은 그리움이 짙을수록 더 생생하게 느껴지게 된다. 하지만 결국 오모카게는 실체를 대신할 수 없지만 신기루와 같은 만남까지도 실제의 만남으로 셈하고 그를 통해 헤어져 있다는 감각을 조금이라도 희석해 보고자 하는 작중 주체의 마음속 그리움이 느껴지는 작품이다. 얼핏 사랑 노래에 어울리는 내용이지만, 이세의

개인 가집《이세집(伊勢集)》에는 “죽은 형제를 그리워하며(はらからの亡くなりにたるを恋ひて)”라는 더 자세한 성립 사정이 실려 있어, 사별한 혈육과 더 이상 만날 수 없지만, 그의 환영을 떠올리는 것으로 괴로운 마음을 달래 보고자 하는 노래인 것을 알 수 있다.

형제 중 하나가 무언가 있었는지, 오늘따라 달라 보이기에

はらからのなかにいかなる事かありけむ、つねならぬさまに見え侍ければ

막역하다는 이모세의 두 산을 가로막은 채 저 구름
무심히도 개이지 않고 있네

(작자 미상, 1214)

むつまじきいもせの山の中にさへへだつる雲のはれずもあるかな (よみ人しらず, 1214)

작품 해설

이 노래는 와카야마 현(和歌山県)의 이모세산(妹背山)이 강을 사이에 두고 남쪽 절벽을 여성이라는 의미의 '이모(妹)', 북쪽 절벽을 남자라는 뜻의 '세(背)'라 부르며, 이 두 절벽을 묶어 이모세산이라고 부르는 것에 착안한 노래다. 그 유래에서도 알 수 있듯이 이모세산은 와카에서 전통적으로 남녀 관계의 비유로 쓰이는 것이 일반적이지만 본 노래와 같이 남매 사이의 비유로 노래되는 경우도 있다. 알 수 없는 근심 걱정에 휩싸여 있는 모습을 보고, 짙게 드리

운 구름이 이모산과 세산 사이에 끼어 있듯이, 말하지 못하는 근심에 사로잡힌 당신의 마음이 둘 사이를 가로막고 있다고 노래했다. 진심으로 서로를 걱정하고 위하는 남매의 따뜻한 마음이 느껴지는 노래다.

법황께서 요시노의 폭포를 보러 가시는 행차길에 동행해

法皇よしののたき御覧じける御ともにて

어느 사이에 이렇게 쌓였을까 요시노산의 계곡
낭떠러지서 무너져 내린 흰 눈

(미나모토노 노보루, * 1236)

いつのまにふりつもるらんみよしのの山のかひよりくづれおつる雪 (源昇朝臣, 1236)

작품 해설

법황(法皇)은 우다 천황(宇多天皇)이 출가한 이후의 명칭으로 그가 신하들을 이끌고 요시노산(吉野山)에 폭포를 보러 갔을 때의 에피소드다. 기록에는 898년 10월 25일에 행차가 있었던 것으로 전해지고 있다. 후지와라노 미치자네(藤原道真), 고레사다노 미코(是貞皇子) 등 22명이 동행했으며, 이 노래의 작가 미나모토노 노보루(源昇) 역시도 이 자리에 참석했다. 요시노산은 일반적으로 눈과 벚꽃으로 유명한 지역으로 지금의 나라 현(奈良県) 요시노 군(吉野郡)에 위치한 산악 지대다. 여기에 나오는 폭포는 요시노의 미야타키(宮滝)이며, 거칠게 낙하해 흰 포말을 일으키는 장엄한 미야타키의 모습을 전통적인 요시노의 주제인 눈에 비유해서 노래했다.

* **미나모토노 노보루**(源昇, 848~918)
헤이안 시대 전기, 중기의 귀족. 벼슬은 정3위(正三位) 대납언(大納言)까지 이르렀다. 《후찬와카집》과 《신칙찬 와카집》에 1수씩의 노래를 남겼다.

잡가 4
雜四

개구리 소리를 듣고

かはづをききて

나의 처소에 보금자리 만들어 사는 개구리 밤이 되니 너 역시 외롭고 슬프구나

(작자 미상, 1250)

わがやどにあひやどりしてすむかはづよるになればや物は悲しき (よみ人しらず, 1250)

작품 해설

자신의 거처에서 구슬피 우는 개구리를 의인화해 쓸쓸함에 눈물 흘리며 우는 작중 주체의 감정을 이입한 노래다. 밤이 되었지만 예전의 아름다움은 사라지고 더 이상 아무도 찾는 이 없는 노회한 작중 주체의 처지가 상상된다. 특별한 수사적 기교보다는 자신을 둘러싼 경물에 감정을 의탁해 노래한 작가의 솔직함이 느껴진다.

제목 미상

題知らず

인적조차도 보이지 않는 산길 피어난 구름 어느 누가
숯가마 연기라 말하리오

(미나모토노 마코토, * 1257)

人めだにみえぬ山ぢに立雲をだれすみがまのけぶりといふらん (北辺左大臣, 1257)

작품 해설

노래의 전반부와 후반부의 분위기가 일변하는 것이 다소 특이한 노래다. 전반부에서는 인적을 찾아보기 힘들 정도로 깊은 산속 풍경이 그려지다가 산중에 피어나는 구름에 시선이 옮겨 가고 있다. 구름에 멈춘 시선은 어떤 이가 저 구름을 보고 산속에도 사는 사람이 있어 숯가마에서 피어나는 연기라고 생각할까 하는 의심으로 귀결되고 있는 구조다. 스미가마(炭竈)의 '스미(炭, すみ)'에 '살다'라는 뜻의 '스미(住み, すみ)'를 가케코토바로 이어 놓았다. 눈앞에 펼쳐진 풍경에서 느낀 감회를 의식의 흐름에 따라 묘사

한 점에서 다소 투박하지만 솔직한 노래라고 할 수 있다.

*** 기타노베노 좌대신**(北辺左大臣), **미나모토노 마코토**(源信, 812~868)

사가 천황(嵯峨天皇)의 일곱째 아들. 814년 왕위 계승에서 탈락해 미나모토(源)라는 성을 하사받고 신하가 되었다. 그 후 대체로 순조롭게 출세의 길을 걸었지만, 정적에 의해 866년 오텐몬의 변[25]의 주모자로 몰려 고난을 겪었다. 결국 누명을 벗었지만 한동안 실의에 빠져 지내던 중 사냥을 나갔다가 낙마해 병사했다.

25) 오텐몬의 변(応天門の変) : 궁궐 안 오텐몬이라는 출입문이 방화로 불탄 사건.

매번 찾아오겠다는 말만 시끄럽고 소식이 끊겼기에 노래를 지어 보냈다

つねにくとて、うるさがりてかくれければ、つかはしける

오토와산에 있다던 소쩍새를 찾아온 내게 그 모습 감춘 채로 울기만 하는도다

(작자 미상, 1261)

有りと聞くおとはの山の郭公何かくるらんなくこゑはして (よみ人しらず, 1261)

작품 해설

오토와산(音羽山)은 지금 시가 현(滋賀県) 오쓰 시(大津市)와 교토 시(京都市) 야마나시 구(山梨区)의 경계에 위치한 산이다. 전통적으로 오토와는 '오토(音)'에서 착안해 소리와 관련된 노래에 자주 등장하는 가어다. 찾아간다는 덧없는 약속의 말을 새소리에 빗대고, 또한 숲속에 숨어 모습을 드러내지 않고 울음소리만 들리는 두견새의 습성을 절묘하게 연결했다. 두 가지 가어가 지닌 전통적 이미지를 엮어 언제 보자는 말뿐인 상대방의 태도를 살짝 비꼬

았지만, 기분을 상하게 하지 않는 작중 주체의 위트와 교양이 엿보이는 노래다.

제목 미상

題しらず

되돌아보니 인생은 아지랑이 참 덧없도다 있는 듯 없는 듯한 짧은 순간이었네

(작자 미상, 1264)

世中といひつるものかかげろふのあるかなきかのほどにぞ有ける (よみ人しらず, 1264)

작품 해설

특별한 기교나 수사 없이 작중 주체의 삶과 인생에 대한 진솔한 마음을 토로한 노래다. 실체 없이 희미한 아지랑이가 피어나 이내 사라지는 것처럼, 인생이 너무나 짧고 덧없는 것임을 깨우친 작가의 회한이 느껴진다. 마지막 구의 '게리(けり)'는 작중 주체의 깨우침을 나타내는 영탄의 조동사다.

친구로 지내던 여자에게 오랜 시간 마음을 나누고 의지하던 남자가 더 이상 찾아오지 않기에 함께 한숨 쉬며

友だちに侍りける女の、としひさしくたのみて侍りけるをとこにとはれず侍りければ、もろともになげきて

이렇게까지 이별 흔해 넘치는 세상사인데 변치
않으리라던 부질없는 내 믿음

(작자 미상, 1265)

かくばかり別のやすき世中につねとたのめる我ぞはかなき (よみ人しらず, 1265)

작품 해설

믿었던 남자에게 버림받은 친구의 처지를 안타까워하며 부른 위로의 노래다. 당시 여성들은 사랑을 나누던 남자가 마음이 변해서 자신을 더 이상 찾아오지 않더라도, 먼저 찾아갈 수도 따질 수도 없었다. 작중 주체는 친구의 입장에서, 같은 여성으로서 겪어 내야 할 사랑의 부조리에 동조하면서, 같은 시대를 사는 여성에게 남녀 간의 사랑에 대한 믿음이 얼마나 덧없는 것인지를 솔직하고 담담하게 노래했다.

상념에 잠겨 있었을 때

物思ひけるころ

참 닮았구나 사랑에 번민하는 나의 소매에 깃든 저
달빛조차 나처럼 눈물짓네

(이세, 1270)

あひにあひて物思ふころのわが袖にやどる月さへぬるるがほなる (伊勢, 1270)

작품 해설

소매에 달이 깃들었다는 것은 작중 주체가 소매에 흘린 눈물에 달이 비쳐 보이는 것을 표현한 것으로, 와카에서 소매는 그 자체로 눈물을 환유하는 중요한 소재다. 의인법을 통해 사랑에 상심하고 괴로운 작자의 마음 때문에 달마저도 눈물에 흠뻑 젖은 듯한 얼굴을 하고 있다고 표현했다. 첫째 구의 '아이니 아이테(あひにあひて)'는 '아이(あひ)'를 '만나서 사랑을 나누다'라는 '아이(逢ひ)', 혹은 '들어맞다, 일치하다'라는 '아이(合ひ)', 어느 쪽으로 보느냐에 따라 노래의 해석이 달라지게 된다. 전자의 경우는 임

과의 만남이 반복된다는 의미, 후자의 경우에는 눈물에 비친 달의 모습이 작중 주체의 모습과 닮았다는 것을 강조하는 의미가 된다. 만남이 계속될수록 더더욱 알 수 없는 사랑의 결말에 괴로워하는 여인의 심정, 소매에 비친 달을 보고 자신의 모습을 투영하는 심정, 어느 쪽으로도 해석이 가능하다.

같은 마음을

おなじ心を

높은 산까지 올라야 만나 보던 단풍잎인데 이제
산자락에서 꺾어 머리에 꽂네

(사카노우에노 고레노리, * 1302)

峰高み行きても見べきもみぢばをわがゐながらもかざしつるかな (坂上是則, 1302)

작품 해설

이 노래는 바로 직전 가네스케의 노래, "산기슭, 여기저기에서 놀고 있을 때 읊기를, 문득 생각나 다시 와 보았네 붉게 단풍 진 그 색깔은 예전과 하나 변치 않았네(山のほとりに、これかれ遊び侍りけるついでに、思出て来つるもしるくもみぢ葉の色は昔に変らざりけり"(《후찬와카집》 잡가1, 1301)와 같은 주제로 지은 노래다. 아마도 사카노우에노 고레노리 역시도 가네스케 일행의 산행에 동행해 같은 주제의 노래를 읊은 것으로 추정된다. 단풍이 기온이 낮은 산꼭대기로부터 물들기 시작하기 때문에 높

은 산봉우리에 오르지 않으면 가까이 즐길 수 없었지만, 오늘 이렇게 가을이 깊어져 산기슭에서도 감상할 수 있게 되었다는 기쁨을 표현한 노래다. 머리에 꽃이나 단풍을 꽂아 장식하는 것은 자연의 정기를 자신에게 오롯이 받아들인다는 주술적 의미가 있다.

* **사카노우에노 고레노리**(坂上是則, **생몰년 미상**)
36가선 중 한 명으로 요시카게(好蔭)의 아들로 알려져 있다. 특히 《고금와카집》의 센자 시대(편찬을 맡았던 가인들이 주로 활약했던 시대)를 주 무대로 활약했던 가인이며, 후대 《백인일수》에도 노래가 선정되었다

음력 12월 즈음, 아즈마 지방에서 올라온 남자가, 예전부터 서울에서 교분을 나누던 여자의 거처를 정월 초하루까지도 찾지 않기에

しはすばかりにあづまよりまうできけるをとこの、もとより京にあひしりて侍りける女のもとに、正月ついたちまでおとづれず侍りければ

기다리던 임 오셨단 소문 듣고 고대했었네 그대는 오지 않고 새해만 찾아왔네

(작자 미상, 1303)

まつ人はきぬときけどもあらたまのとしのみこゆるあふさかのせき (よみ人しらず, 1303)

작품 해설

멀리 아즈마(당시 교토에서 동쪽 지방의 총칭)에서 이미 서울(교토, 京都)에 와 있다는 소식을 들었는데도, 자신을 찾지 않는 남자의 무정함을 비꼬아 노래했다. 오사카 관문은 와카에서 전통적으로 만남과 이별의 장소로 노래되어 온 우타마쿠라(歌枕)다. 기다리던 남자가 아즈마에서 오사카의 관문을 넘어 서울에 도착했다는 소식에도 여자

의 거처에 들르지 않는다. 하지만 남자가 찾아와 주기만을 기다릴 수밖에 없는 처지의 여자는 결국 홀로 새해를 맞이하게 된 것이다. 여자는 오사카 관문을 넘어서 자신에게 찾아온 것은 기다리던 임이 아니라, 새해뿐이었다고 노래하고 있다. 당시 사람들은 새해의 봄은 동쪽으로부터 찾아온다는 음양 사상을 믿고 있었기에 가능했던 발상이다. 믿었던 남자의 변심으로 인해 처하게 된 비참한 자신의 상황을 원망과 미움으로 풀어내기보다는 자조와 위트로 전환한 점이 흥미롭다.

이별 노래

離別

미치노쿠에 가 있는 사람에게, 부싯돌과 함께 노래를 써 보내며

みちのくにへまかりける人に、火うちをつかはすとてかきつけ侍りける

가끔이라도 부싯돌로 불붙여 연기 인다면 그 향기 속에 담긴 내 마음 알아주오

(기노 쓰라유키, 1304)

をりをりに打ちてたく火の煙あらば心ざすかをしのべとぞ思ふ (貫之, 1304)

작품 해설

미치노쿠(陸奥)는 지금의 동북 지방(이와테, 미야기, 후쿠시마 현)을 지칭하는 옛 지명이다. 변방으로 파견된 지인에게 부싯돌과 향을 보내며, 불을 붙일 때마다 이곳에 홀로 남은 자신을 생각해 주길 바라는 마음에서 보낸 노래다. 일본 고대 신화 속 인물인 야마토타케루미코토(日本武尊)가 도적에게 불 공격(火攻)을 받자 부싯돌로 맞불을 놓아 어려움을 극복했다는 야이즈(焼津) 신화에서 유래해, 먼 길을 떠나는 사람에게 무사 안녕을 기원하며 부싯

돌을 선물하는 풍습이 있었다고 한다. 또한 여담이지만 작가 쓰라유키의 개인 가집《쓰라유키집》에 따르면, 이 노래는 모로우지(師氏)가 지인에게 향과 부싯돌을 보내며 쓰라유키에게 의뢰해 대신 지어 보낸 노래라고 전해지고 있다.

시나노로 떠나는 사람에게, 향을 보내면서

しなのへまかりける人に、たき物つかはすとて

시나노 지방 아사마산에서도 연기 오르니 후지산 이
연기는 부질없는 것인지

(스루가, 1308)

しなのなるあさまの山ももゆなればふじのけぶりのかひやなからん (するが, 1308)

작품 해설

시나노(信濃)는 현재의 나가노(長野) 지방의 옛 이름으로 아사마산(浅間山)은 시나노 지방에 있는 활화산이다. 시나노 지방으로 내려가 있는 지인에게 연향[26]과 함께 보낸 노래다. 자신의 이름이 스루가인 점에 착안해, 스루가 지방의 대표적인 경물인 '후지(富士)'와 '가이(甲斐)[27]'를 노래에 차용하고 있다. 시나노의 아사마산에 가셨기에, 스

26) 연향(練香) : 향나무를 빻아서 환약 형태로 만든 향.

27) 가이(甲斐) : 표기상으로는 '가히'지만 실제 발음은 '가이'.

루가 · 가이의 후지산의 연기는 별것 아닐 테지만, 즉 시나노에도 좋은 연향이 많아 자신이 보낸 연향은 하찮은 선물이지만 그래도 기쁘게 받아 주면 고맙겠다는 마음을 전하고 있다. 선물과 함께 자신의 이름과 지명을 연결해 시를 보낸 작가의 위트와 교양이 느껴지는 시다.

젠유 법사가 이즈 땅에 유배되어 있기에

善祐法師の伊豆のくにになかされ侍りけるに

헤어진 후에 또 언제 만나려나 고대하나요 같은 세상 살아갈 목숨도 아니건만

(이세, 1319)

別れてはいつあひみんと思ふらん限あるよのいのちともなし (伊勢, 1319)

작품 해설

젠유 법사가 이즈로 유배된 이유는 황후였던 다카이코(藤原高子)와 밀통 사실이 발각되어 세이와 천황(清和天皇)의 노여움을 샀기 때문이었다. 이 사건은 당시 역사서인 《일본기략(日本紀略)》[간표(寛平) 8년(896) 9월 22일 조항]에 기록될 정도로 세간을 떠들썩하게 만든 사건으로, 공식적으로는 다카이코가 폐위되었다는 기록만이 있을 뿐, 그 내밀한 이유는 비밀에 부쳐져 있다. 하지만 이세의 개인 가집《이세집》에 따르면, 당시의 많은 사람들이 공공연하게 이 사건을 주제로 노래를 지을 정도로 세간을 떠들

썩하게 만든 스캔들이었다고 한다["이즈에 귀양 갔을 때, 많은 사람들이 노래하기를(伊豆の勘事にて流されける時､皆人歌詠みけるに)"]. 이 노래의 작자 이세 역시도 젠유와 직접적인 교류는 없었지만, 금단의 사랑에 빠져 결국 유배지에 갇혀 있을 젠유를 생각하며 안타까움과 연민의 심정을 노래로 읊은 것으로 보인다. 이세는 살아서는 다시 만날 수 없다는 것을 알기에 더욱 그리워지고 간절해지는 사랑의 역설을 젠유의 마음을 빌려 표현하고 있다.

제목 미상

題しらず

소나무처럼 천년을 변치 않는 긴긴 삶보다 그대 가신 저세상 나 끝까지 따르리

(작자 미상, 1320)

そむかれぬ松の千年のほどよりもともどもとだにしたはれぞせし (よみ人しらず, 1320)

작품 해설

사실 이 노래는 이세의 개인 가집《이세집》에 "어떤 이의 형제가 죽자, 위로하기 위해 부른 노래"라는 고토바가키와 함께 실려 있는 노래다. 즉,《후찬와카집(後撰和歌集)》에는 남녀의 이별을 다룬 이별부(離別部)에 속해 있지만, 노래의 취지를 생각하면 애상부(哀傷部)에 더 어울리는 노래라 할 수 있다. 고고히 천년을 사는 소나무 같은 불멸의 삶을 선택하기보다, 죽어서라도 저세상으로 떠난 형제와 함께하고 싶다는 애끊는 심정을 표현했다.

답가

返し

저세상까지 함께하겠노라던 그대 한숨에 흘러내린 그 눈물 어떤 빛깔이려나

(작자 미상, 1321)

ともどもとしたふ涙のそふ水はいかなる色に見えてゆくらん (よみ人しらず, 1321)

작품 해설

이에 대한 답가 역시도 형제를 따라 저승까지도 가겠노라는 애틋한 마음에 감사하는 내용으로 해석할 수 있다. 지금 흘리고 있는 눈물은 아쉬움과 안타까움의 눈물이기에, 필시 진홍의 눈물일 거라는 것을 에둘러 표현했다.

여행을 떠난 사람에게 옷가지를 보내면서, 같이 부치길

たびにまかりける人にさうぞくつかはすとて、そへてつかはしける

소매 적시며 우리는 헤어져도 옷가지 보고 영영 간다
마시고 그저 잘 돌아오게

(작자 미상, 1328)

袖ぬれて別はすとも唐衣ゆくとないひそきたりとを見む (よみ人しらず, 1328)

작품 해설

멀리 떠나 있는 사람에게 옷가지를 보내며, 옷과 관련한 가어를 사용해 노래를 구성하고 있다. 가라고로모(唐衣), 즉 보낸 옷가지와 연관해서 '입다'라는 뜻의 '기(着)'를 가져오고, 더욱이 '입다'라는 동사와 동음인 '오다', 즉 '돌아오다'라는 뜻의 '기(来)'를 이어 놓았다. 눈물 속에 헤어지더라도 이제 떠난다고 말하지 말고, 이 옷을 입으시면 곧 돌아오겠다는 뜻으로 알고 기다리겠노라 노래한 것이다.

답가

返し

헤어질 때는 내 마음도 아쉬워 이 옷 입으면 눈물이 먼저 흘러 눈앞이 흐려지네

(작자 미상, 1329)

別れぢは心もゆかず唐衣着れば涙ぞさきにたちける（よみ人しらず, 1329)

작품 해설

남성 역시도 옷을 매개로 '입다'라는 뜻의 '기(着)', 그리고 '옷감을 마르다'라는 뜻의 '다쓰(裁つ)'를 가져오고, 여기에 눈물이 '솟아나다'라는 뜻의 '다쓰(立つ)'를 가케코토바로 연결해 놓았다. 두 사람은 주고받은 선물인 옷가지를 매개로, 그와 관련된 가어를 노래 속에 수놓으며 이별의 슬픔과 재회의 희망을 노래했다. 이 둘은 노래를 주고받는 행위를 통해 서로의 감정을 나누고 정감을 깊이 있게 하면서도, 노래의 의도를 명확하게 이해하고 이를 정확히 파악해 응수하는 뛰어난 기량을 보여 주고 있다.

서로 알고 지내던 사람이 잠시 고시 지방으로 내려가기에 누사를 보내며

あひしりて侍りける人の、あからさまにこしの国へまかりけるに、ぬさ心ざすとて

고시 고개를 그 마음 변치 않고 넘으신다면 가에루산 건널 때 길 헤매지 않으리

(작자 미상, 1335)

我をのみ思ひつるがの越ならばかへるの山はまどはざらまし (よみ人しらず, 1335)

작품 해설

우타마쿠라(歌枕), 즉 전통적으로 와카 속에 노래되는 지명을 풍부하게 사용해, 이를 가케코토바를 통해 노래에 녹여 내고 있다. 먼 길을 떠난 사람은 아마도 남성일 것이라 추측되는데, 고시(越国)에 잠시 파견된 남성에게 여행의 안전을 기원하는 의미로 누사[28]를 보내면서 읊은 노래다.

28) 누사(幣) : 천이나 종이를 잘라 막대에 드리운 것으로 신에게 바치는 예물, 혹은 악한 기운을 쫓는 도구로 쓰임.

고시는 지금의 후쿠이 현(福井県), 니가타 현(新潟県)을 포함한 북쪽 지방을 일컫는데, 그중 쓰루가(敦賀)는 에치젠(越前), 지금의 후쿠이 현(福井県)에 속한 곳이다. 이 증답가는 지명을 이용한 가케코토바를 풍부하게 구사하며, 쓰루가(敦賀)의 '쓰루(つる)'에 완료의 의미의 조동사를 겹쳐 놓고, 가에루산(鹿蒜山)에 '돌아오다'라는 뜻의 '가에루'를 연결해 놓았다. 먼 길 떠나 있더라도 사랑하는 자신을 생각하고 있다면, 혹시 다른 길이나 유혹에 빠져 헤매지 않고 무사히 돌아올 것이라는 읊은 이 자신의 희망을 담아 보낸 노래다.

답가

返し

오직 그대를 다시 만날 생각에 넘는 고시 고개 오가는 그 여정 어찌 멀게 느끼랴

(작자 미상, 1336)

君をのみいつはたと思ひこしなればゆききの道ははるけからじを (よみ人しらず, 1336)

작품 해설

남성도 여성을 다시 만날 것만 생각하며 떠난 길, 지체 없이 곧장 여자의 곁으로 돌아올 것이라 노래하고 있다. 이 노래 역시도 에치젠, 쓰루가에 있는 이쓰하타(五幡)를 읊고 여기에 언젠가 '또'라는 뜻의 '이쓰하타(何時, 将)'를 이어 놓음으로써 지명의 음절을 통한 가케코토바 수법을 사용해 노래를 보낸 여성의 의도에 정확히 화답하고 있다.

제목 미상

題しらず

또 오겠다고 약속해도 헤어짐 이리 슬픈데 기약조차
없기에 이 아침 더욱 쓸쓸해

(후지와라노 도키히라, 1340)

こむといひてわかるるだにもあるものをしられぬけさのましてわびしき (贈太政大臣, 1340)

작품 해설

연인들이 사랑을 나누고 해가 뜨기 전 미명에 헤어지는 아침 풍경, 이른바 '기누기누의 이별(後朝の別れ)'을 노래하고 있다. 당시의 연애는 남자가 여자의 거처에 사람들의 눈을 피해 몰래 찾아가 사랑을 나누고, 새벽녘 눈에 띄지 않게 돌아와야 했다. 두 사람이 부부 관계가 아닌 경우, 섣부른 재회의 약속을 하는 것은 쉽지 않은 일이었다. 그렇기 때문에 다시 찾겠노라는 약속의 말도 남기지 못한 채로, 여자를 홀로 두고 떠나올 수밖에 없었던 남자의 미안함과 쓸쓸함이 표현되어 있는 노래다.

답가

返し

작별할 때에 영영 이별이라고 말했더라면 나 역시 눈물 속에 빠져 죽었겠지요

(이세, 1341)

さらばよと別れし時にいはませば我も涙におぼほれなまし (伊勢, 1341)

작품 해설

첫 구절 '사라바요(さらばよ)'는 다시 만날 기약을 할 수 없는 처지를 솔직히 이야기하는 것을 의미한다. 만약 오늘 밤을 마지막으로 다시 볼 수 없을지도 모른다는 작별의 말을 남겼다면, 자신 역시도 흐르는 눈물을 주체하지 못하고 눈물에 빠져 스러져 갔을 테지만, 재회의 기약 없는 이별이었기에 눈물을 흘릴 여유조차 없었다고 노래했다. 이 노래의 남성은 도키히라(時平)로 기록되어 있지만, 이세의 개인 가집에는 비와 좌대신(枇杷左大臣), 즉 도키히라의 형인 나카히라(仲平)로 기록되어 있다. 실제로 나카히

라가 이세와 연인 관계였던 점을 감안하면 이 노래의 남성은 나카히라일 가능성이 높다.

여행 노래
羇旅

아즈마로 떠나, 지금까지 지나온 시간들이 그리워질 무렵, 강을 건너는데 파도가 이는 것을 보고

あづまへまかりけるに、すぎぬる方こひしくおぼえけるほどに、河をわたりけるになみのたちけるを見て

깊어만 가는 떠나온 고향 생각 마음 사무쳐 왔다가
돌아가는 파도가 부럽도다

(아리와라노 나리히라, 1352)

いとどしくすぎゆく方のこひしきにうら山しくも帰る浪かな (業平朝臣, 1352)

작품 해설

6가선(六歌仙) 중 한 명인 아리와라노 나리히라의 노래다. 같은 노래가 《이세 모노가타리》에도 실려 있으며, "옛날에 한 남자가 있었다. 도시에 있는 것이 괴로워, 아즈마로 떠나게 되었다. 이세(伊勢), 오와리(尾張) 사이의 바닷가를 가고 있을 때, 새하얗게 파도치는 것을 보고 읊기를"이라는 더 자세한 사정을 알 수 있다. 도시 생활 속 번민에 지쳐 훌쩍 떠난 길이지만, 이내 외로움과 쓸쓸함에 빠져들게 되는 마음의 모순을 주제로 한 노래다. 멀리서 다가왔

다 돌아가는 저 파도와 달리, 떠나온 곳으로 당장 돌아갈 수 없는 자신의 처지에 탄식하는 여행자의 슬픔이 느껴진다. 파도가 되돌아간다는 뜻의 '가에루(返る)'에 귀로에 오른다는 뜻의 '돌아가다(帰る)'를 중첩해서 표현하고 있다.

도사에서 상경하는 배 안에서 바라보니, 산마루가 아니라 달이 파도 속에서 뜨는 것같이 보이기에, 예전 아베노 나카마로가 중국에서 읊은, '저 멀리 바라보니'로 시작하는 노래가 떠올라 읊기를

土左よりまかりのぼりける舟のうちにて見侍りけるに、山のはならで、月の浪のなかよりいづるやうにみえければ、むかし安倍のなかまろがもろこしにて、ふりさけみればといへる事を思ひやりて

도성에서는 산마루 뜨고 지던 달이었건만 바다에서
떠올라 바다로 저무누나

(기노 쓰라유키, 1355)

宮こにて山のはに見し月なれど海よりいでて海にこそいれ (つらゆき, 1355)

작품 해설

이 노래는 쓰라유키(貫之)가 935년 2월, 5년간의 도사 지방[지금의 고치 현(高知県)]의 지방관 임무를 끝내고 상경하는 배 안에서 읊은 노래다. 이 귀경의 여정을 기록한 《도사 일기(土佐日記)》에 따르면, 935년 1월 20일 무로쓰

(室津)에서 악천후를 피해 정박했을 때 읊었던 노래라 전하고 있다. 그리고 이 노래를 읊게 된 계기가 되었던 아베노 나카마로(阿部仲麻呂, 698~770)는 중국에 717년 견당사로 파견되어 당(唐) 현종(玄宗)을 모셨던 인물로, 이백(李白)과 왕유(王維) 등 당대의 문호들과도 교류하며 문인으로서 명성이 높았다고 한다. 46년의 긴 유학 생활을 마친 나카마로는, 753년 귀국의 여정에 올랐지만 악천후를 만나 좌절하고 결국 당나라에서 생을 마감했다. 쓰라유키가 떠올린 아베노 나카마로의 노래, "드넓은 하늘 눈 들어 바라보니 가스가 그곳 미카사산에 떴던 그 달이런가(天の原ふりさけみれば春日なる三笠の山に出し月かも)"[《고금와카집》 여행(羈旅) 406]는 나카마로가 당에 있을 때 귀국 전날 연회에서 가스가(春日)의 미카사산(三笠山)에 뜬 달을 연상하며 망향의 심정을 노래한 것이다. 지방관을 마치고 오른 귀경길에 악천후를 피해 정박한 쓰라유키는 비슷한 처지에 처했던 나카마로가 본 달을 떠올리며 여행의 불안과 초조함에 휩싸이면서도, 항해 도중에 발견한 웅장한 자연 경관에서 받은 감동을 솔직하고 힘 있게 읊고 있다.

하쓰세에 참배하러 갈 때, 야마노베라는 곳 근처에서 노래하기를

はつせへまうづとて、山のべといふわたりにてよみ侍りける

여행길에서 야마노베에 걸친 흰 구름처럼 나 역시
이곳에서 쉬었다 갈까 하네

(이세, 1358)

草枕たびとなりなば山のべにしらくもならぬ我ややどらむ (伊勢, 1358)

작품 해설

하쓰세는 지금의 나라 현(奈良県) 사쿠라이 시(桜井市) 일대를 일컫는 가어로 여기에서는 특히 하쓰세 지역에 위치한 하세사(長谷寺)를 일컫는다. 또한 야마노베는 나라 현(奈良県) 덴리 시(天理市) 이도도 정(井戸堂町) 부근으로 추정되는 곳이다.

하쓰세는 특히 현세에서 부처님의 은혜 받기를 기원하는 관음 신앙이 뿌리 깊은 곳으로 이 노래는 작가 이세 역시 하세사에 참배 가던 도중, 야마노베 근처에서 밤을 보내기

위해 머물렀을 때 읊은 노래다. 자신과 자신의 일행을 산 정상에 걸친 구름에 비유해 먼 여정 속 잠시 머물다 떠나는 여행자의 처지를 노래했다. 여기서 풀베개는 작중 주체의 긴 여행을 암시하는 마쿠라코토바로, 마쿠라코토바는 그 자체로는 의미를 가지지 않고 그 뒤에 오는 내용, 여기서는 여행(旅)을 암시하는 수사로 쓰였다.

제목 미상

題しらず

여행길에서 단풍을 돗자리로 깔았더라면 이내 맘이
이토록 무너져 내렸으랴

(우다 천황, * 1364)

草枕紅葉むしろにかへたらば心をくだく物ならましや
(亭子院御製, 1364)

작품 해설

여기서 풀베개는 여행을 암시하는 마쿠라코토바다. 하지만 여기서는 여행 중 맞이하는 밤이라는 실제 의미도 같이 포함되어 있다고 보는 편이 타당하다. 이 노래는 우다 천황의 작품으로 실제 경험을 토대로 해서 노래했다기보다는 작가가 왕이었던 만큼 계절의 흐름에 따라 여행을 계속하는 여행자의 심정을 상상해 읊었다고 보는 편이 타당할 것이다. 이처럼 여행의 괴로움과 번뇌에 잠 못 드는 밤, 만약 아름다운 단풍잎을 돗자리 삼아 누웠더라면 이런 고통과 번뇌를 잊는 위로가 되었으리라고 여행자의 심정을 노래하고 있다.

* **데이시인**(亭子院), **우다 천황**(宇多天皇, 867~931)
제59대 일왕. 고코 천황(光孝天皇)의 일곱째 아들. 재위 중에는 연회나 우타아와세[29]를 빈번히 여는 등 문화 전반, 특히 와카에 관심이 많았다. 오에치사토(大江千里)나 후지와라노 오키카제(藤原興風) 등을 통해 와카 부흥을 지원하는 등, 최초의 칙찬집 《고금와카집》의 편찬 기반을 닦았다고 평가받고 있다.

29) 우타아와세(歌合) : 양쪽으로 편을 나눠 노래 실력을 겨루던 모임.

여행길에서 풀베개 엮는 이 손 어찌하리오 이슬과 눈물 내려 흠뻑 젖어 들었네

(작자 미상, 1366)

草枕ゆふてばかりはなになれや露も涙もをきかへりつゝ (よみ人しらず, 1366)

작품 해설

풀베개는 작중 주체가 여행을 이어 가고 있음을 나타내며, 이슬과 눈물은 작중 주체가 여행 중에 느낀 외로움과 고단함의 은유다. 날이 저물어 임시로 나무 아래 무성한 풀을 엮어 잠을 청하는 여행자의 외로움이 절절하게 전해지는 노래다.

축하 노래
賀歌

메하치노 미코가, 모토요시노 미코를 위해 마흔 살 축하연을 여셨기에, 국화꽃을 머리 장식으로 꺾어서

女八のみこ元良のみこのために四十賀し侍りけるに、きくの花をかざしにをりて

영겁의 세월 내려앉은 서리에 시들지 않을 흰 국화
경사롭게 머리에 장식했네

(후지와라노 고레히라,＊ 1368)

よろづ世の霜にもかれぬ白菊をうしろやすくもかざしつるかな (藤原伊衡朝臣, 1368)

작품 해설

메하치노 미코(女八皇女), 즉 슈시 내친왕(修子内親王)은 다이고 천황(醍醐天皇)의 여덟째 여식으로, 이 축하연은 그녀가 그의 남편 모토요시노 미코(元良皇子)의 마흔 살 생일을 맞이해 연 자리였다. 이 노래는 축하연에 초대된 고레히라가 모토요시의 장수를 기원해 부른 노래다. 흰 국화는 예로부터 일본에서 장수를 상징하는 꽃으로 가노우타(賀の歌, 축하 노래) 등에 자주 등장하는 소재인데, 고레히라는 이 흰 국화를 꺾어 머리 장식을 만들어 앞으로

의 무사 안녕과 장수를 기리며 노래와 함께 바친 것이다.

* **후지와라노 고레히라**(藤原伊衡, 876~939)
헤이안 시대 중기의 가인. 후지와라노 도시유키(藤原敏行)의 셋째 아들로 태어나 벼슬은 참의까지 올랐다. 《후찬와카집》에도 11수의 노래가 실려 있으며, 가무에 특히 능했다고 알려져 있다.

노리아키라노 미코가 성년이 되어 관례를 하는 날, 이를 축하하는 관현이 연주되고 있을 때, 우대신께서 이 사람 저 사람에게 노래를 짓게 하시기에

のりあきらのみこかうぶりしける日、あそびし侍りけるに、右大臣これかれうたよませ侍りけるに

천년 동안을 칠현금과 대피리 소리를 내네 여기에 모인
이들 마음이 통했구나

(기노 쓰라유키, 1371)

ことのねも竹もちとせのこゑするは人の思ひにかよふなりけり (つらゆき, 1371)

작품 해설

여기서 금(琴)은 중국에서 전래된 칠현금(현이 7개인 금), 대나무는 장수를 상징하는 식물이자 여기에서는 대나무 피리(笛竹)의 소리를 일컫는다. 노리아키라노 미코(章明皇子)*의 성년식, 처음으로 관(冠)을 머리에 쓰는 관례(冠礼) 도중, 이를 축하하기 위해 아악[30]이 울려 퍼지는 장면을 노래한 것이다. 이 음악 소리로부터 노리아키라노 미코의 장수와 안녕을 기원하는 소리가 나는 듯 느껴지는

것은 그 자리에 모인 사람들의 마음과 통했기 때문이라는 축하의 노래다.

* **노리아키라노 미코**(章明皇子, 924~990)
다이고 천황의 자식으로, 어머니는 가네스케의 딸인 경의(更衣) 소시(桑子)다. 축하 노래를 짓게 한 우대신(右大臣)은 후지와라노 모로스케(藤原師輔, 908~960)로, 후지와라노 다다히라(藤原忠平)의 둘째 아들로 태어나, 다이고 천황의 세 딸과 결혼할 정도로 유력한 외척이었다.

30) 아악(雅楽 : 당에서 전래되어 공식적인 행사 등에 축하 음악으로 연주되었던 음악.

애상 노래

哀傷

형님의 상을 치르러 이치조에 가서

あにのふくにて一条にまかりて

어느 봄날 밤 행여 꿈에서라도 생각했던가 그대 없는 이 집을 가 보게 되리라고

(후지와라노 다다히라, 1387)

春の夜の夢のなかにも思ひきや君なきやどをゆきてみんとは (太政大臣, 1387)

작품 해설

형 도키히라(時平)의 죽음을 접한 동생 다다히라(忠平)가 형님의 집에 찾아가서 남은 이들과 나눈 노래다. 다다히라에게 형의 부재는 크나큰 상실감을 안겨 준 사건이었다. 그도 그럴 것이 형 도키히라는 경쟁 관계였던 스가와라노 미치자네(菅原道真) 일족을 조정에서 축출해 후지와라 씨족의 번영의 기틀을 잡고, 《고금와카집》의 편찬 사업을 주도하는 등 다방면에 걸쳐서 뛰어난 인물이었다. 집안의 장자이자 대들보로서 형 도키히라에게 거는 가족들의 신뢰 역시도 두터웠으리라. 이런 형의 죽음은 졸지에

형의 뒤를 이어 가문의 장자가 된 다다히라에게는 큰 슬픔과 동시에 무거운 부담이었을 것이다. 그에게 닥친 지금의 현실이 제발 꿈이었으면 좋겠다는 일말의 희망에 형의 집에 찾아갔지만, 결국 형의 부재를 실감한 후 느낀 당황과 놀람, 분노, 슬픔이 한데 섞인 심정이 잘 드러나 있다.

답가

返し

그 집을 보니 자나 깨나 떠난 임 그리워지네 꿈인지
생시인지 분간 못할 정도로

(작자 미상, 1388)

やど見ればねてもさめてもこひしくて夢うつつともわかれざりけり (よみ人しらず, 1388)

작품 해설

답가의 작자는 누구인지 알 수 없지만 형의 죽음이 꿈이길 바라는 다다히라의 노래를 받아, 자나 깨나 꿈인지 생시인지 혼란에 빠져, 죽은 도키히라를 그리워하는 남은 이들의 심정을 노래했다. 이 답가는 표현으로 볼 때 "그대 온 걸까 아니면 나 간 걸까 통 알 수 없네 꿈인지 생시인지 잠든 건지 깬 건지(君や来しわれやゆきけむ思ほえず夢か現か寝てか覚めてか)"(《고금와카집》 사랑 노래 2(恋二) 645, 작자 미상, 《이세 모노가타리》 69단)를 참고로 지은 것으로 보인다.

다이고 천황이 돌아가시고 이듬해 정월 초하루를 보내며

先帝おはしまさで、又の年の正月一日に送り侍りける

허무하게도 하루가 저물었네 새로운 봄은 예전과
변함없이 다시 찾아오건만

(후지와라노 사다카타, * 1396)

いたづらにけふやくれなむあたらしき春の始めは昔ながらに (三条右大臣, 1396)

작품 해설

930년 다이고 천황이 세상을 떠나고 그 이듬해인 931년 정월 초하루에 지은 노래다. 산조 우대신(三条右大臣), 즉 후지와라노 사다카다(藤原定方)는 주군인 다이고 천황이 타계했지만 아무렇지도 않게 계절은 다시 찾아오고 유유히 흘러가는 시간의 섭리를 통해 자신이 느낀 허무감을 노래했다.

*** 산조 우대신**(三条右大臣), **후지와라노 사다카타**(藤原定方, ?~932)

다카후지의 아들이자, 다이고 천황의 외삼촌이기도 하며, 답가에 등장하는 가네스케와는 사촌 관계다. 《후찬와카집》은 물론, 《야마토 모노가타리》에 가네스케와 함께 많은 노래와 일화를 남기고 있다.

답가

返し

흐르는 눈물 지나간 묵은해의 소맷자락은 새해가
되어서도 마르지 않았구려

(후지와라노 가네스케, 1397)

なく涙ふりにし年の衣手はあたらしきにもかはらざりけり (兼輔朝臣, 1397)

작품 해설

사다카타의 노래가 주군의 부재에도 변함없이 흐르는 시간을 노래했다면, 이에 가네스케는 시간이 흘러도 소맷자락에 떨어진 눈물이 마르지 않듯, 주군을 애도하는 마음 역시도 변함없다고 화답했다. 눈물이 흐른다는 '후루(降る)'에 낡고 오래되었다는 뜻의 '후루(古る)'를 가케코토바로 이어, 흐르는 눈물과 시간이 흘러 낡아 버린 소맷자락을 동시에 표현했다.

기요타다가 비와 대신의 상을 치르고 있다기에 노래를 보내기를

清正が枇杷大臣のいみにこもりて侍りけるにつかはしける

이토록 슬픈 소식 들을 줄이야 국화꽃 위에 맺힌 저
이슬은 내 눈물이었구나

(후지와라노 모리후미, 1409)

世中のかなしき事を菊のうへにをく白露ぞ涙なりける
(藤原守文, 1409)

작품 해설

비와 대신, 즉 후지와라노 나카히라(藤原仲平)는 945년 9월 1일에 불가에 귀의해 출가한 뒤, 9월 5일에 사망한 것으로 전해진다. 이 증답가는 나카히라의 상을 치르고 있던 기요타다(清正)와 지방에 있던 모리후미(守文) 사이에 주고받은 애도의 노래다. 나카히라의 타계라는 슬픈 소식을 '듣다'라는 동사 '기쿠(聞く)'에 '흰 국화'라는 의미의 '기쿠(菊)'를 연결했다. 즉, 나카히라의 타계 소식을 들은 뒤, 흘린 슬픔의 눈물을 국화 위에 맺힌 이슬에 비유해 정중한 조의를 표현한 것이다.

답가

返し

듣기만 해도 눈물이 흐르는데 떠나신 그분 마지막을
지켜본 내 소맨 어떻겠소

(후지와라노 기요타다, 1410)

きくにだにつゆけかるらん人のよをめにみし袖を思ひやらなん (きよただ, 1410)

작품 해설

이에 기요타다는 모리후미가 슬픔의 눈물에 젖어 있을 것이라 위로하면서도, 그의 생과 죽음을 직접 본 자신은 더 많은 눈물을 흘리고 있음을 전하고 있다. 실제로 나카히라의 상을 치른 것으로 보아, 기요타다가 나카히라의 보호를 받는 관계였던 것으로 추측할 수 있지만, 정확한 정보는 알 수 없다. 일설에는 기요타다가 나카히라의 딸과 혼인 관계였으리라 추측하고 있지만 이 역시 확실하지는 않다.

처가 죽은 해, 12월 그믐날, 지난 일을 이야기하며

妻の身まかりてのとしのしはすのつごもりの日、ふることいひ侍けるに

떠난 그 사람 살아 돌아오는 새해였다면 저물어 가는 오늘 얼마나 기뻤을까

(후지와라노 가네스케, 1424)

なき人のともにし帰る年ならばくれゆくけふはうれしからまし (兼輔朝臣, 1424)

작품 해설

해가 바뀌어 새로운 한 해가 다시 돌아오는 것에 죽은 처가 다시 돌아오는 것(帰る)을 겹쳐서, 한 해가 지나면 어김없이 새해가 돌아오는 자연의 섭리처럼 죽은 처도 돌아올 수만 있다면 더없이 기쁠 것이라고 노래한 것이다. 하지만 다시 돌아올 수 없기에 더해 가는 망자에 대한 그리움이 애절한 노래다.

답가

返し

그리워하는 그사이 해 저물면 떠난 임과의 거리는 세월 따라 더욱더 멀어지네

(기노 쓰라유키, 1425)

こふるまにとしのくれなばなき人の別やいとど遠くなりなむ (貫之, 1425)

작품 해설

사랑하는 처를 잃은 가네스케의 처지와 마음에 공감하고 안타까움을 전하고 있는 노래다. 떠나간 사람의 시간은 죽음을 기점으로 멈추었지만, 남은 이들의 시간은 변함없이 흐르고 있다. 새해가 밝고 시간이 흐를수록, 죽음으로 인해 벌어진 망자와의 거리는 더욱더 멀어져 갈 것이다. 그리고 망자를 그리워하는 사이, 그리움마저도 시간과 함께 옅어지고 말 것이라는 것을 알기에 더욱 도도히 흘러가는 시간이 원망스러울 뿐이다. 작중 주체의 안타까움은 시간의 흐름 속에 멈춰 선 망자와 시간의 흐름 위에 부유하며 멀어져 갈 수밖에 없는 남은 이들에 대한 것이다.

해 설

칙찬 와카집(勅撰和歌集)이란 임금의 하명으로 당대의 가장 뛰어난 노래들을 모아 편찬하는 왕실 공인 가집으로, 헤이안 시대 궁중 문화를 대표하는 문예인 와카를 통해 당시의 문화 융성을 상징하는 기념비적인 성격을 띠는 작품이라 할 수 있다. 《후찬와카집》은 최초의 칙찬 와카집인 《고금와카집(古今和歌集)》에 이어 두 번째로 편찬된 칙찬 와카집이다.

《후찬와카집》은 《고금와카집》과 달리, 서문(序文)이 없고 발문(跋文)만이 존재하는데, 이 발문에 따르면 무라카미 천황(村上天皇)의 하명으로 후지와라노 고레마사(藤原伊尹)를 책임자로, 오나카도미노 요시노부(大中臣能宣), 기요하라노 모토스케(清原元輔), 미나모토노 시타고(源順), 기노 도키부미(紀時文), 사카노우에노 모치키(坂上望城)의 다섯 명의 센자[31]가 선정되어, 덴랴쿠 5년

31) 센자(撰者) : 노래 선정 및 편집을 담당하며 당대 가단의 권위 있는 인물들 중에서 선정.

(天暦 五年, 951) 10월 말일에 편찬 작업이 시작된 것으로 알려져 있다. 또한 언제 편찬이 완료되어 임금에게 바쳐졌는지에 대해서는 확실한 자료가 남아 있지 않아 정확한 시기를 특정할 수 없는데 대략 제작 시작 1, 2년 후에 완성되었을 것이라 추정하고 있다.

《후찬와카집》은 유포본의 계통에 따라 총 1425수, 혹은 1426수가 20권으로 나뉘어 수록되어 있다. 각 노래는 그 내용에 따라 주제별로 분류되어 있으며, 이 분류의 기준을 '부타테(部立て)'라고 한다. 구체적인 구성을 살펴보면, 권1에서 18까지는 봄노래 상중하, 여름 노래, 가을 노래 상중하, 겨울 노래, 사랑 노래 1~6, 잡가(雑歌) 1~4의 순으로 분류되어 있으며, 권19는 이별 노래와 여행 노래, 권20은 축하 노래(賀の歌), 애상 노래(哀傷歌)로 되어 있다. 이 《후찬와카집》의 부타테 구성은 전대의 칙찬집인 《고금와카집》의 구성을 큰 틀에서 받아들이고 있으면서도, 사계 노래의 경우, 《고금와카집》이 봄과 가을을 상, 하로 분류하는 데 반해, 후찬와카집은 이를 상, 중, 하로 분류해 형식보다는 각 계절의 흐름과 섭리를 중요시하고 있다는 것을 알 수 있다. 또한 사물의 이름 노래(物名), 잡체(雑体), 가요 등의 비일상적인 주제들은 과감하게 생략하는 등, 《고금와카집》과는 구별되는 《후찬와카집》 나름의 구성 논리도 확인할 수 있다.

《후찬와카집》에 노래가 실린 가인들 중, 10수 이상 노래가 실려 있는 주요 가인들을 살펴보면, 기노 쓰라유키(紀貫之, 74수), 이세(伊勢, 70수), 오시코치노 미쓰네(凡河内躬恒, 23수), 후지와라노 가네스케(藤原兼輔, 23수), 다유(大輔, 16수), 후지와라노 도키히라(藤原時平, 14수), 후지와라노 모로스케(藤原師輔, 13수), 후지와라노 나카히라(藤原仲平, 10수), 후지와라노 사네요리(藤原実頼, 10수), 후지와라노 아쓰타다(藤原敦忠, 10수), 미부노 다다미네(壬生忠岑, 10수)가 이름을 올리고 있다. 여기서 알 수 있듯이 《후찬와카집》은 쓰라유키나 미쓰네 등, 앞 세대 《고금와카집》의 주요 가인들의 노래가 중심을 이루고 있는데, 이는 《후찬와카집》이 《고금와카집》 성립 이후 40년밖에 지나지 않은 시점에서 선집되었기 때문이라 추정할 수 있을 것이다. 또 다른 특징으로는 《고금와카집》과 달리 센자의 노래를 포함해 전문 가인들의 작품을 거의 찾아볼 수 없다는 점이다. 특히 무라카미 천황 시대에 크게 유행한, 병풍에 그려진 그림만을 보고 노래를 읊는 병풍가(屛風歌)가 전혀 실리지 않았는데, 병풍가가 고도의 시적 기량을 요구한다는 점을 생각하면 전문 가인들의 노래가 《후찬와카집》에서 찾아볼 수 없는 것 역시 이와 궤를 같이 하는 현상이라고 볼 수 있다.

또한 전 세대 가인들을 제외한 당대 가인들 중에서는, 특히 섭정가(攝政家) 출신인 모로스케, 사네요리, 아쓰타다 등의 노래가 다수 실리고 임금의 후궁을 모셨던 여방(女房)들의 노래가 자주 보이는 점도 특징적이라 할 수 있다. 이는 당시 임금의 외척 세력이 적극적으로 정치에 참여하는 섭정 정치가 융성했던 것에서 그 원인을 찾아볼 수 있을 것이다. 즉, 자신의 가문이 왕의 외척이 되기 위해서 치열한 경쟁을 벌이던 후궁들에게 왕의 총애를 받는 것은 무엇보다도 중요한 문제였다. 당시에는 지적 능력, 시적 자질이 매력의 중요한 기준이었기 때문에, 왕의 간택을 받기 위해서는 후궁들의 시녀이자 가정 교사였던 여방들의 자질이 무엇보다도 중요했다. 후궁의 여방들은 비록 시녀의 신분이었지만, 뛰어난 자질을 갖춘 여성들로 채워졌고, 궁중 문화를 선도해 나갔던 그녀들이 왕의 외척 세력으로 대두되었던 권문세가의 귀공자들과 많은 사랑의 에피소드들을 만들고 그들의 노래가 《후찬와카집》에 많이 보이는 것은 어쩌면 당연한 귀결이라 할 수 있다.

이렇듯 《후찬와카집》이 편찬되던 당시에는 후궁들과 그들을 모시던 시녀들인 여방들이 만들어 낸 독특한 후궁 살롱 문화가 활발하게 펼쳐졌다. 그에 따라 남녀 간의 사

랑을 다루는 이른바 '이로고노미(色好み)'의 와카와 이를 둘러싼 이야기를 다룬 우타 모노가타리(歌物語)가 후궁 문화권 내에서 중요한 위치를 점하게 되기에 이른다. 이러한 배경은 《후찬와카집》의 내용 면에서도, 사랑노래와 잡가에 실려야 할 법한 내용들, 즉 사람과 사람 사이에서 일어나는 마음과 감정을 노래한 와카들이 봄노래와 가을 노래들로 구성되는 부타테에 많이 실리고, 다른 칙찬 와카집에 비해 남녀 간에 사랑노래를 주고받는 증답가가 압도적으로 많은 것에도 영향을 끼쳤다고 할 수 있다.

이런 시대적 배경 속에서 탄생한 《후찬와카집》은 전대의 유명 가인들의 노래와 더불어 당대의 권문귀족들과 여방들 간의 도회적 사랑의 정서를 상당 부분 반영하게 됨으로 인해, 섭관 정치제가 확립되던 시기의 문화를 대표하는 기념비적인 작품이었다고 평가할 수 있을 것이다.

엮은이에 대해

이 작품은 모두 다섯 사람의 가인들이 힘을 모아 선정한 칙찬 와카집이다. 이 다섯을 흔히 센자라고 부르는데, 임금의 명령으로 당대의 가장 권위 있는 가인들로만 선정하는 것이 관례다. 《후찬와카집》은 이 센자들의 노래를 거의 싣고 있지 않는 것이 특징으로 《후찬와카집》의 편찬이 전대의 칙찬 와카집인 《고금와카집》이 편찬된 지 40년밖에 되지 않은 시점이어서 전 세대 가인들을 존중하고자 했던 《후찬와카집》 센자들의 의도가 반영되었기 때문은 아닌가 생각된다. 그럼 이 센자들의 면면을 살펴보기로 하자.

먼저 오나카토미노 요시노부(大中臣能宣, 921~991)는 후대 36가선의 한 사람으로 31세 때 나시쓰보(梨壺)의 5인[32] 중 하나로 선정되어 《만엽집(万葉集)》의 훈독 작업

32) 나시쓰보(梨壺)의 5인 : 나시쓰보는 궁궐의 전사(殿舎) 중 하나인 쇼요샤(昭陽舎)의 별칭으로 쇼요샤의 정원에 심어져 있던 배나무에서 유래했다. 이 나시쓰보에 무라카미 천황의 명령으로, 《만엽집》의 훈독

에 참가했다. 권문세가의 요청에 의해 읊어진 축하 노래(賀歌)나 병풍가(屛風歌) 제작 등에 뛰어난 실력을 보인 당대를 대표하는 전문 가인이었다. 세 번째 칙찬 와카집인 《습유와카집(拾遺和歌集)》 이후 124수를 칙찬 와카집에 실었다.

기요하라노 모토스케(清原元輔, 908~990)는 일본 최초의 수필집인 《마쿠라노소시(枕草子)》의 작가 세이쇼나곤(清少納言)의 친부로 유명한 가인이다. 병풍가, 우타아와세(歌合) 등에서 오나카토미노 요시노부와 쌍벽을 이루었던 당대의 전문 가인이었다. 마찬가지로 나시쓰보의 5인 중 한 사람으로, 《습유와카집》 이후 105수를 칙찬 와카집에 실었다.

미나모토노 시타고(源順, 911~983)는 36가선의 한 사람으로 와카는 물론 한시와 한학에도 두각을 나타내었던 당대 최고의 지성이었다. 위 두 사람과 마찬가지로 나시쓰보의 5인 중 하나였다. 개인 가집으로는 《미나모토노 시타고집(源順集)》이 있으며, 당시의 백과사전이라 할 수 있는 《화명류취초(和名類聚抄)》를 제작했다.

작업과 칙찬 와카집 편찬을 위한 기구인 와카소(和歌所)가 설치되었고 여기에 소속되어 있던 다섯 명의 가인을 나시쓰보의 5인으로 불렀다.

다음으로 기노 도키부미(紀時文)는《고금와카집》의 센자 기노 쓰라유키(紀貫之)의 아들로, 생몰년에 대해 정확히 알려진 바는 없다. 나시쓰보의 5인 중 한 명으로 네 번째 칙찬 와카집인《후습유와카집(後拾遺和歌集)》이후로 5수의 노래를 실었다.

마지막으로 사카노우에노 모치키(坂上望城, ?~975?)는 36가선 중 하나였던 사카노우에노 고레노리의 아들로 위 센자들과 함께 나시쓰보의 5인으로 선정되었다. 칙찬 와카집에는《습유와카집》과《후습유와카집》에 각 1수씩 노래를 실었다.

옮긴이에 대해

최충희

최충희(崔忠熙)는 한국외국어대학교 일본어과를 졸업하고 일본 쓰쿠바대학교 대학원에 유학해 일본 고전 시가 문학 전공으로 석·박사 과정을 수료하고, 경희대학교 대학원에서 일본 고전 시가 문학 연구로 박사 학위를 취득했다. 1983년부터 한국외국어대학교 일본언어문화학부 교수로 36년간 재직 후 2019년 3월 정년퇴임하고 현재는 한국외국어대학교 일본언어문화학부 명예교수로 있다. 주된 연구 분야는 일본 고전 시가, 그중에서도 와카, 렌가, 하이카이를 중심으로 주석학적 연구 방법에 입각해 고전 읽기를 시도하는 것이다. 한국외국어대학교 부총장, 한국일어일문학회 회장을 지낸 바 있으며 국내의 다양한 일본 연구 관련 학회에서 임원으로 활약했다. 대표적인 저서로는 《일본 시가 문학사》(공저, 태학사, 2004), 《일본 시가 문학 산책》(제이앤씨, 2006), 《일본 문학의 흐름》(공저, 한국방송통신대학교출판부, 2007), 《요사 부손의 봄, 여름, 가을, 겨울》(제이앤씨, 2007), 《고바야시 잇사

하이쿠 선집－밤에 핀 벚꽃》(태학사, 2008), 《고금와카집 천줄읽기》(지식을만드는지식, 2011), 《햐쿠닌 잇슈의 작품 세계》(공저, 제이앤씨, 2011), 《렌가라는 문학과 소기》(인문과 교양, 2014), 《일본 시가 문학 길라잡이》(한국외대 지식출판원, 2017), 《습유와카집》(공역, 지식을만드는지식, 2018), 《후습유와카집》(공역, 지식을만드는지식, 2018), 《금엽와카집 / 사화와카집》(공역, 지식을만드는지식, 2019), 《천재와카집》(공역, 지식을만드는지식, 2020), 《신고금와카집(공역, 지식을만드는지식, 2025)》 등이 있으며, 일본 시가 문학 연구와 관련한 많은 논문이 있다.

이상민

이상민(李相旻)은 한국외국어대학교 일본어과를 졸업했다. 동대학원에서 석사를 취득한 후, 문부성 장학생으로 도일했다. 도쿄대학교 대학원 인문사회계 연구과에서 중세 가인 돈아(頓阿)의 와카를 테마로 해서 석사 및 박사 학위를 취득했다. 2016년 귀국 후 현재는 한국외국어대학교 일본어통번역학과에서 교수로 재직 중이다.

중세 남북조 시대의 가인, 돈아의 와카를 중심으로 다이에이(題詠) 영법의 특징과 중세 가단들의 관계, 와카 속 일본인의 사생관을 테마로 해서 연구하고 있다. 역서로 《후찬와카집 천줄읽기》(공역, 지식을만드는지식, 2017), 《습유와카집》(공역, 지식을만드는지식, 2018), 《후습유와카집》(공역, 지식을만드는지식, 2018), 《금엽와카집 / 사화와카집》(공역, 지식을만드는지식, 2019), 《천재와카집》(공역, 지식을만드는지식, 2020) 등이 있다.

후찬와카집
153수 정선

엮은이 오나카토미노 요시노부 외
옮긴이 최충희 · 이상민
펴낸이 박영률

초판 1쇄 펴낸날 2018년 2월 23일
개정1판 1쇄 펴낸날 2026년 1월 30일

지식을만드는지식
출판등록 제313-2007-000166호(2007년 8월 17일)
02880 서울시 성북구 성북로 5-11
전화 (02) 7474 001, 팩스 (02) 736 5047
commbooks@commbooks.com
www.commbooks.com

ISBN 979-11-430-1750-5 03830

책값은 뒤표지에 있습니다.